Signo editores

Signo editores

EL ARTE DE LA COCINA
UNIVERSO DE SABORES

COCINA NATURISTA Y VEGETARIANA

Edita
SIGNO EDITORES J.M. S.L.

Dirección general
Rubén Rueda López

Diseño y dirección artística
Tau Diseño

Colaboración
Thema, Equipo Editorial S.A.

Virgilio, 25 A - Edificio Ayessa II. Ciudad de la Imagen
28223 Pozuelo de Alarcón (Madrid)

ISBN de la obra: 978-84-8447-526-2
ISBN del volumen: 978-84-8447-533-0
Depósito legal: V-3.340-2011
Impresión y encuadernación: Abacus Gráfica, S.L.
Impresión en España / Printed in Spain

Sumario

Cocina saludable

Cocina natural, fiel a los orígenes **13**

Un poco de historia 14

La lucha biológica y la biotecnología 16

Rendimiento y calidad 17

Las verduras 20

Las setas y sus variedades 21

Cocción al vapor 23

La cocina japonesa y el sushi 25

La miel 27

Variedades de miel 28

Un producto polifacético 32

Conservas y mermeladas, saludables, económicas y fáciles **37**

Las conservas 38

Alimentos a conservar 39

Conservantes más utilizados 42

Una práctica muy antigua 44

Tipos de conservas 45

La salazón 46

El ahumado 47

La desecación 47

La deshidratación 49

Por aplicación de calor 52

Por aplicación de frío 53

Las conservas caseras 55

Mermeladas, confituras y demás conservas dulces 62

Edulcorantes y espesantes 62

Frutas al natural 66

Frutas en almíbar 66
Frutas escarchadas 67
Confituras y mermeladas 68
Jaleas 69

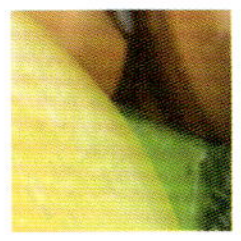

Cocina vegetariana, un estilo de vida **73**
De la carne a la verdura 74
Grados de vegetarianismo 75
Aporte energético básico 77
Las algas 78

RECETARIO **85**

Alimentación equilibrada

Dieta mediterránea, fuente de salud **165**
Características de la dieta mediterránea 166
Un rico legado 168
Principales ingredientes de la dieta mediterránea 172
Hortalizas 173
Frutas y frutos secos 173
Cereales 175
Legumbres 175
Pescado 176
Aceite de oliva 176
Vino 177
Beneficios que aporta la dieta mediterránea 177

El aceite, oro en la mesa **181**
El fruto del olivo 182
Especies de olivos 182
Valores nutritivos y salud 186
Otros efectos saludables 188

El cultivo del olivo	192
La aceituna	194
Formación de la aceituna	195
Tipos de aceitunas	195
Elaboración del aceite	200
Clasificación del aceite	205
Cata del aceite	212
Denominaciones de Origen	215
Andalucía	216
Castilla-La Mancha	221
Extremadura	221
Cataluña	222
Baleares	226
Aragón	226
La Rioja	227
Las zonas olivareras de España	228
RECETARIO	**231**

ble•cocina saludable•cocina saludable

1. Cocina saludable

cocina saludable•cocina saludable•co

Cocina natural

fiel a los orígenes

El diccionario señala como natural aquello que carece de artificio o mezcla. Por tanto ¿qué es la cocina natural? ¿Existe una cocina no natural? Por consiguiente, si el ser humano interviene en la manipulación de los productos que va a utilizar en su cocina, ¿los convierte en artificiales o no naturales? No. La cocina natural hace referencia, en realidad, a la calidad de los alimentos, su origen, reproducción, selección, etc., pero también al arte de prepararlos para que sean beneficiosos para la salud, minimizando los riesgos que en algunas ocasiones comporta el arte gastronómico. Básicamente, se ocupa de cómo evitar la ingesta excesiva de grasas, colesterol y sal, relacionados con algunas de las enfermedades que con mayor frecuencia afectan actualmente a la humanidad. Y, por supuesto, conservando e incluso incrementando la calidad de los sabores.

Incluye también una especial preocupación por lograr que la necesidad de aumentar la producción de alimentos para dar satisfacción a la demanda mundial no comporte necesariamente un descenso en su calidad. Y que además el cultivo sea respetuoso con el medio ambiente y las leyes que rigen la naturaleza.

Fruto de algunas de las filosofías que imperan en los países asiáticos, la búsqueda del bienestar a través de la alimentación es una forma de vida muy popular en países como Japón y China. El primero fue pionero en estudiar las propiedades de los alimentos y su relación directa con el bienestar corporal, mientras que en China la alimentación desempeña un papel preventivo en

En la doble página anterior, apetitosa y saludable ensalada de tomate crudo, queso y albahaca.

En la página izquierda, ensalada de gambas, receta sana y ligera, pero muy nutritiva.

En el cultivo de las lechugas biológicas no intervienen abonos ni insecticidas químicos.

la salud. Este principio no sólo lo defiende la cocina natural sino también, y de forma muy especial, la agricultura biológica, que aboga por erradicar la intervención de agentes químicos por los efectos nocivos que comportan para la salud humana.

Un poco de historia

En el principio estaban la caza y la recolección de especies de plantas silvestres comestibles. La primera y principal ocupación del ser humano ha sido siempre procurar su subsistencia, que la Naturaleza, generosa pero no inagotable, le ha ido poniendo a disposición. Mediante la agricultura, obtenía de las tierras más fértiles los productos indispensables para vivir y con el tiempo aprendió a seleccionarlos de acuerdo con su aspecto, sabor, toxicidad, etc. Asimismo, reservó los ejemplares más notables de cada especie a fin de lograr reproducirlos, para lo cual escogió las mejores semillas y frutos que encontraba.

Sin embargo, el constante crecimiento demográfico y, por tanto, el paralelo incremento de la demanda de alimentos han obligado a aguzar el ingenio para abastecer de ellos a la población mundial. Las leyes de la genética (que se revelarían fundamentales en este cometido) no se conocieron hasta el siglo XIX. Hasta entonces, la técnica de la selección genealógica constituía el único medio de avance en la agricultura. Dicha técnica consiste en seguir, de generación en generación, la descendencia de una planta y conservar los mejores frutos.

Abajo, brotes de soja y, a la derecha, ensalada de pollo, productos ambos domesticados desde fechas muy tempranas.

La técnica anterior, que tiene su origen en la observación, precedió a la de la creación de híbridos, lo cual no se pudo lograr hasta que a finales del siglo XVII el botánico alemán Camerarius descubrió que las plantas tienen sexo. Un siglo más tarde, otro botánico alemán, Kolreuter, llevó

Los productos hortícolas que abastecen nuestros mercados son fruto de la constante mejora en las técnicas de cultivo.

a cabo las primeras hibridaciones sistemáticas y artificiales, que se desarrollarían en el siglo XIX. También durante este siglo acaecieron dos hechos esenciales para el desarrollo de la producción hortícola actual: mientras el monje Mendel daba a conocer las leyes de la genética, De Vries daba cuenta de las mutaciones.

Muy avanzado el siglo XX, se produjo la llamada «revolución verde», según la cual los productos agrícolas se estaban obteniendo de las nuevas variedades que las técnicas clásicas de mejora genética habían logrado seleccionar. Dichas variedades se caracterizaban por su gran rendimiento. Así, el arroz y el trigo facilitaron la autosuficiencia alimentaria a los dos países más poblados del mundo, la India y la China.

Sin embargo, los métodos clásicos de selección son ineficaces porque no han logrado equiparar el rendimiento de la producción a la demanda de los productos, ni tampoco han mejorado la calidad de los mismos. La biología celular y molecular comienza a proporcionar materiales diferentes a fin de avanzar en esos terrenos: cultivos de células, de protoplasmas, de tejidos, multiplicaciones por vía asexual, transferencia de genes de una especie a otra (los controvertidos alimentos transgénicos), etc. El objetivo es no sólo acelerar el ritmo de la producción, sino mejorarla e incluso crear nuevos cultivos.

Las variedades de patatas actuales son más resistentes al ataque de parásitos que antaño, pero igual de versátiles y nutritivas.

Gracias a la hibridación de diferentes variedades de olivos, las aceitunas presentan una amplia gama de sabores y tamaños.

La lucha biológica y la biotecnología

Una de las mayores amenazas para los productos hortícolas es el efecto de los parásitos. Por la misma razón, los investigadores se afanan en buscar soluciones a este problema mediante la invención de agentes químicos, como los pesticidas. Pero existe un método muy antiguo al que se ha vuelto a recurrir en los últimos decenios: la lucha biológica. Ésta era conocida por los chinos desde finales del siglo III. Poco después, en el año 304, Hsi Han la menciona en un texto sobre agricultura, cuando explica que las mandarinas chinas que habían sido atacadas por una plaga de insectos fueron tratadas con hormigas «carnívoras». También los ingleses recurrieron a este sistema en el siglo XVIII, pero en este caso introdujeron «menates» en la isla Mauricio para eliminar los saltamontes rojos que destruían las plantaciones de caña de azúcar. Sin embargo, los pesticidas sustituyeron a la lucha biológica durante buena parte del siglo XX, hasta que en 1960 volvió a recurrirse a ésta.

El ejemplo de la patata es representativo. En efecto, este tubérculo (el cuarto cultivo del mundo, tras el arroz, el trigo y el maíz), que aporta proporcionalmente más calorías, proteínas, vitaminas y sales minerales que los demás tubérculos comestibles e incluso que los cereales, es muy vulnerable a los parásitos, cuya presencia no se ha podido eliminar, lo que ha obligado a crear variedades resistentes. La biotecnología ha logrado hibridar variedades cultivadas de patatas con otras silvestres menos vulnerables a la acción de los parásitos.

A mediados de los años ochenta del siglo pasado comenzó a generalizarse la práctica de transferir el gen de una planta a otra para proporcionarle las mejores características; por ejemplo, poseer una mayor resistencia a los parásitos, a los pesticidas, etc.

El aspecto de las lechugas tratadas con productos químicos es inmejorable pero su composición nutritiva resulta mermada.

Tratados con productos químicos los frutos son muy carnosos y atractivos, pero menos saludables que los obtenidos con métodos naturales.

Rendimiento y calidad

Mientras en los países ricos se está produciendo un descenso notable en el consumo de alimentos gracias a la evolución tecnológica de la sociedad, a la mecanización del trabajo y al dominio de las condiciones ambientales, así como a la evolución de los medios de transporte, que exigen un menor trabajo muscular, los países subdesarrollados exigen una mayor cantidad de alimentos.

Este hecho está en el origen de un gran debate: ¿una mayor producción se corresponde necesariamente con una disminución de la calidad de los alimentos? Es decir, ¿debe fomentarse la agricultura química en perjuicio de la agrobiológica, o al revés? Los partidarios de esta segunda acusan a la agricultura química de abusar de los herbicidas, fungicidas, pesticidas o abonos nitrogenados, fosfatados o potásicos. Si bien los productos obtenidos presentan un gran aspecto, un tamaño aceptable y buen color, la composición de los mismos muestra una merma de vitaminas y oligoelementos, de modo que poseen un menor valor alimenticio real.

Las carencias de los productos se trasladan a quien los consume, que acaba sufriendo cefaleas, neuralgias, etc. Tales son los argumentos de los partidarios de la agricultura agrobiológica, que está en la base de la denominada cocina natural.

Bien combinadas las diferentes variedades de verduras existentes permiten mantener una dieta sana, equilibrada y nutritiva.

Protagonistas de numerosas recetas, las verduras son un alimento de amplio consumo en las sociedades más avanzadas.

Gracias al conocimiento de su composición nutritiva, las dietas a base de verduras pueden ser muy equilibradas.

Ya se ha dicho que en China la alimentación desempeña un papel preventivo en la salud. Y éste es el gran alegato de la agricultura biológica y, por ende, de la cocina natural. Para ésta se trata de utilizar alimentos, en particular vegetales silvestres o cultivados, sin la intervención de agentes químicos de cuyos efectos nocivos para la salud humana se desconfía, al margen de los beneficios relativos al rendimiento y a la inmunidad que puedan brindar a las plantas y frutas frente a las plagas.

Las verduras

Utilizadas históricamente como mero acompañamiento de otros platos, las verduras han cobrado protagonismo debido al mayor conocimiento de sus valores gastronómicos y nutritivos. Durante el siglo XIX, eran minusvaloradas porque poseían menos calorías que otros alimentos, en especial las carnes. Pero hoy se sabe que un menú bien equilibrado a base de verduras resulta igualmente nutritivo.

A partir de los años sesenta se incrementó espectacularmente el consumo de alimentos congelados, sobre todo los llamados de la «cuarta gama» (productos frescos envasados, como las verduras para ensalada en bolsa, etc.) y, sobre todo, los de la «quinta gama» (hortalizas cocidas a baja temperatura). Además de las verduras, también se disparó el consumo de frutas, quesos, aves y otras carnes, en perjuicio del pan, las patatas, las legumbres secas o el vino. Ello es indicativo de que se busca una alimentación más equilibrada y ligera, a la que no son ajenos los productos denominados *light*.

A la izquierda, ensalada de rúcula fresca y, arriba, ensaladilla de zanahoria, maíz y guisantes congelados y hervidos.

Las modernas técnicas se han encaminado a la intensificación de los cultivos, al enriquecimiento de los suelos hortícolas y a la creación de materiales especializados. Así, los invernaderos se aprovechan de la invención de nuevos materiales plásticos que permiten alargar los períodos de producción.

Las setas y sus variedades

Por norma general sólo se consumen las setas más conocidas y populares, como champiñones, níscalos, setas de pino, higróforos, rebozuelos, senderuelas, oronjas, colmenillas o trufas. Sin embargo, existen otras muchas setas comestibles (más de 200 especies), algunas de las cuales son incluso más sabrosas y apropiadas que las anteriores para ciertas preparaciones culinarias. Es el caso de las negrillas, por ejemplo.

De fama muy diversa, las setas son un producto natural con grandes posibilidades culinarias.

Con frecuencia se atribuyen a las setas cualidades y virtudes muy curiosas y algo raras. Por ejemplo, en Japón se cree que el *Tricholoma caligatum* (perteneciente a la misma familia que las negrillas) tiene efectos euforizantes que contribuyen a que la gente enloquezca si abusa de su consumo. Los bejines, no muy apreciados en la península Ibérica, se consideran en cambio exquisitos en Italia si son muy tiernos (jóvenes). Y lo mismo ocurre con el *Phalus*

Muchas son las variedades de setas existentes pero no todas comestibles, por lo que es preferible adquirirlas en los mercados si no se es un experto.

impudicus o falo hediondo (en catalán ou del diable, en gallego carallán, en vasco etsai ezten, en italiano *satirione* y en francés *satyre puant*), especie comestible cuando es joven, o con la trompeta de la muerte. En cambio hay que olvidarse por completo y ni siquiera tocar la preciosa *Amanita muscaria*, cuyo nombre común, matamoscas, ya alude a sus características alucinógenas y paralizantes. En consecuencia, se aconseja vivamente no coger ni comer setas desconocidas o que se parezcan a alguna especie comestible. Es preferible, si se duda, adquirirlos en el mercado, donde, aunque no sean recién cogidas, hay garantías sobre su aptitud para el consumo. Asimismo en los mercados existen algunas variedades de setas cultivadas, como los champiñones o la *Pleurotus ostreatus*, conocida popularmente como falsa seta de cardo, seta de chopo o seta de paja y en catalán orellana. También, se encuentran el *xiitake* japonés, setas secas como los senderuelos, las setas de Burdeos o las setas negras chinas.

Abajo, diferentes variedades de setas frescas comestibles y, a la derecha, una selección de níscalos, una de las setas más apreciadas en España.

Por último, cabe señalar que la trufa es también una seta que puede adquirirse fresca, siempre que se tengan garantías de la experiencia y honradez del suministrador ya que con frecuencia se la sustituye por otras especies parecidas, como la trufa de verano o la trufa china, para ofrecer precios más competitivos que los de la auténtica, la trufa negra del Perigord o la trufa blanca italiana, mucho más cara y exquisita que la anterior.

Fáciles de cultivar, los champiñones admiten múltiples aplicaciones culinarias.

Cocción al vapor

La humanidad dio un paso fundamental en su cultura gastronómica cuando descubrió la técnica del hervido de los alimentos. Hasta entonces la cocción de éstos se había limitado a la acción directa del fuego por lo que la decisión de introducirlos en agua u otro líquido hirviente significó un gran salto cualitativo en su tratamiento culinario. Gracias al hervido, no sólo se obtuvieron mejores textu-

Junto a estas líneas, bollos chinos cocidos al vapor y, a la derecha, pescado preparado con la misma técnica de cocción.

ras, aromas y cualidades de las verduras, sino que también se lograron matices de sabor y consistencia nuevos y diferentes en alimentos como las carnes y el pescado.

Con el tiempo, la aplicación del hervido como técnica de cocción evolucionó y generó nuevos procedimientos culinarios. Uno de los métodos más sanos, naturales y refinados es la cocción al vapor, pues permite realzar sabores y aromas, a la vez que conserva casi todos los nutrientes alimenticios de los ingredientes, ya que los jugos que estos desprenden no se disuelven en ningún líquido de cocción. Una de las ventajas de esta técnica es que permite realizar preparaciones muy ligeras y fáciles de digerir. La razón se debe a que no necesita sustancias grasas y además contribuye a eliminar las que contienen los propios ingredientes.

Muy equilibrada en colores, sabores, aromas y nutrientes, la cocina china utiliza ingredientes comunes en nuestros mercados.

De sencilla ejecución, la cocción al vapor se aplica de forma mayoritaria con las verduras, legumbres frescas, vegetales, frutas en general y pescados, mientras que es menos frecuente en algunas carnes. Cabe señalar sin embargo, que para ofrecer resultados óptimos se precisa utilizar como ingredientes hortalizas y frutas de temporada, pescados frescos y carnes de calidad.

Método tradicional chino

Totalmente desconocida para los españoles hasta hace algunas décadas, la cocina china utiliza muchos de los productos habituales en nuestros mercados pero aplicándoles conceptos culinarios muy diferentes. Sus platos reflejan una cultura gastronómica exquisita y de alto nivel, acorde con la función de ceremonia ritual que en ese país tienen las comidas.

Para cocinar al vapor se necesita una olla o cacerola provista de doble fondo (el superior perforado o bien en forma de canasta con rejilla) y de una tapa que cierre de forma hermética. Además, debe ser de capacidad suficiente como para que el vapor circule libremente por el interior. En la base del recipiente se vierte un poco de agua y, según convenga, hierbas aromáticas, especias e incluso vino. Y sobre el fondo agujereado o la rejilla se colocan los alimentos que se desean cocer, siempre colocando las partes más grandes o gruesas en el fondo y las tiernas y finas en la parte superior. El tiempo de cocción es similar al de otros métodos, aunque las verduras pueden hacerse algo más rápido si se desean crujientes. Es aconsejable añadir agua hirviendo si se ha reducido en exceso antes de finalizar la cocción.

Uno de los principales objetivos de la cocina china consiste en lograr un equilibrio entre los diferentes aromas, sabores y colores de los ingredientes que conforman cada preparación. Utilizan para ello diferentes técnicas, aunque una de las más tradicionales se basa en el empleo del vapor, por lo que disponen de un recipiente especialmente diseñado para llevarlo a cabo. Entre las muchas ventajas que lo han convertido en uno de los métodos preferidos por los cocineros chinos, se encuentra su capacidad de realzar los aromas y de evitar la pérdida de nutrientes.

Para cocer al vapor, la cocina china prefiere emplear sus tradicionales recipientes de bambú.

La cocina japonesa y el sushi

Al igual que otras cocinas de Extremo Oriente, la cultura culinaria japonesa resulta exótica y refinada para Occidente pues busca tanto el equilibrio como la exaltación de los sentidos. Con independencia de la simple ingesta, se fundamenta en principios éticos, estéticos y religiosos y en consecuencia la comida es también una ceremonia con estrictas normas a seguir. Así, por ejemplo, el sushi, una de sus más célebres creaciones culinarias, se prepara, se sirve y se consume de acuerdo con un ritual dirigido por el *itamae*, nombre con el que se conoce al cocinero especializado en prepararlos. Aunque los

El sushi es una de las preparaciones más difundidas de la exquisita cultura culinaria japonesa.

Condición básica de un plato de sushis es mantener el equilibrio de colores entre los ingredientes.

que se consumen en Occidente están exentos de dichos requisitos ceremoniales, conservan algunas de las principales reglas de elaboración, como son la exquisitez de los sabores y una preparación de equilibrada belleza.

El arroz y un alga marina seca (*konbu* o *kelp*) son sus principales ingredientes. El primero, de grano corto, pulido y de poco gluten, se hierve y aromatiza con vinagre de arroz durante la cocción. Asimismo se utilizan semillas negras de sésamo (*kurogama*), ciruelas encurtidas (*umeboshi*), salsa de rábano picante verde (*wasabi*), jengibre encurtido (*beni-shogu*) y queso de soja o tofu, que los chinos llaman *dofu*, entre otros muchos ingredientes. Según los que se utilicen pueden prepararse numerosas versiones. La más popular y simple se conoce con el nombre de *nigiri-zushi*, mientras que los sushis sin arroz se denominan *sashimi*.

Hay técnicas específicas para preparar los distintos tipos de sushi. Una de ellas consiste en mantener la humedad de los ingredientes, algo que se consigue disponiendo siempre de un cuenco con agua, una rodaja de limón y un par de cucharadas de vinagre para mojar los dedos y el cuchillo, a la par que trabajando rápido. Otra, los diferentes tipos de corte que se aplican a los ingredientes, mientras que la decoración de los platos es uno de sus aspectos más relevantes y propios. Es también seña de identidad de este plato la utilización de pescado fresco en crudo o con una cocción muy somera, lo que comporta que las porciones sean muy pequeñas y cortadas muy finas.

La miel

Se conoce como miel la sustancia que producen las abejas (sobre todo, la especie *Apis mellifica*, pero también otras) tras procesar en su buche el néctar de las flores y las plantas que han libado. Es una sustancia de textura viscosa, líquida o semilíquida, sabor dulce y color que varía desde un tono muy pálido, casi blanco, hasta varias gamas de amarillos dorados y verdes e incluso marrones casi negros.

Con un sinfín de propiedades, la miel es uno de los productos naturales más antiguos consumidos por la humanidad.

Debido a su genuina forma de producirse, la miel presenta composiciones diferentes según sea la zona geográfica donde se origina y las plantas que en ella se desarrollan, pues de ellas depende el néctar, aunque también son importantes los sistemas utilizados por el apicultor. Así pues, y a modo de síntesis, la miel está compuesta por un 17 a 23 % de agua, de 65 a 80 % de glucosa y fructosa y de 2 a 8 % de sacarosa. El resto de sustancias que intervienen, básicamente minerales, vitaminas, cenizas y hormonas, lo hacen en porcentajes mucho más reducidos. Los aromas, sabores, colores y consistencia de la miel están estrechamente relacionados con las flores y plantas libados por las abejas productoras. Hay muchas plantas capaces de proporcionar miel y dependiendo de cuales sean el sabor y el perfume serán intensos o suaves. Cuando las

Valores nutritivos más destacados por cada 100 g de miel:

- *Energía*: 300 kcal
- *Proteínas*: 0,5 g
- *Hidratos de carbono* (principalmente fructosa y glucosa): 75 g
- *Sodio*: 3 mg
- *Potasio*: 20 mg
- *Calcio*: 5 mg
- *Magnesio*: 16 mg
- *Hierro*: 0,5 mg
- *Fósforo*: 16 mg
- *Vitamina* B_1: 0,007 mg
- *Vitamina* B_2: 0,06 mg
- *Vitamina* B_3: 0,5 mg
- *Vitamina C*: 2 mg

abejas toman néctar de diferentes plantas, la miel que producen se clasifica como multiflora o de milflores, mientras que si lo hacen de una sola planta, es monoflora y se le da el nombre específico de la flor o planta.

Según las plantas libadas por las abejas que la producen, la miel tiene diferentes sabores, aromas y colores.

Variedades de miel

Eficaz remedio natural, las diversas propiedades de la miel han potenciado la recuperación y el creciente protagonismo de un producto que había cedido terreno ante el azúcar refinado. Hay numerosas variedades de miel. Algunas reciben el nombre del lugar de procedencia, como, por ejemplo, la miel de la Alcarria, de excelente calidad, pero en general se asocian a la planta principal que proporciona su néctar.

De acacia. Su sabor es suave, delicado y bastante dulce, su color ambarino y su textura bastante líquida. Buen edulcorante, tiene propiedades laxantes.

Las flores de acacia proporcionan una miel dulce de color ambarino.

De alforfón. La miel que proporciona esta planta popularmente conocida como trigo negro o trigo rubión, que abunda en Cataluña y en La Mancha, es consistente y rica en minerales, sobre todo en hierro. Su color, oscuro, tiene tintes rojizos.

De azahar. Se caracteriza por ser de color ámbar claro, suave al paladar y por tener los perfumes propios de esta flor de los cítricos. Su textura puede ser líquida o cristalizada y tiene propiedades sedantes y antiespasmódicas.

De brezo. La miel de esta planta, que abunda en el norte de la península Ibérica y en particular en la provincia de Soria, es de textura densa y viscosa. Su color, bastante oscuro, presenta intensidades diferentes, mientras que su sabor es penetrante, pero suave y su perfume evoca el sándalo. Rica en hierro y fósforo, combate la inapetencia y la fatiga, a la par que es reconstituyente y diurética.

La miel de eucalipto tiene propiedades antisépticas.

De espliego. Producida sobre todo en el Sistema Ibérico y Guadalajara, la miel de espliego o lavanda es de color ámbar y aroma y sabor muy delicados. Buena bactericida y antidiarreica, se utiliza también contra las afecciones respiratorias.

De eucalipto. Muy aromática con un sabor que recuerda la madera, es de color ocre. Ayuda a combatir los trastornos respiratorios y tiene también propiedades balsámicas y vermífugas.

De milflores. Obtenida del néctar de diversas flores, su color y su sabor son muy variables, aunque suele ser oscura y ambarina y de sabor intenso. Es antiséptica, antiinflamatoria, digestiva, cicatrizante y muy alimenticia.

Por su dulce sabor, la miel es un buen sustituto del azúcar en productos como el muesli o el yogur.

La miel se utiliza con frecuencia en la elaboración de productos de pastelería, para edulcorar infusiones y en preparados de medicina.

La miel de romero tiene múltiples aplicaciones medicinales.

De romero. Es una de las mieles más apreciadas. De color muy claro, casi blanco, o ligeramente ambarino, su sabor es suave y aromático. Es un eficaz estimulante hepático y está asimismo indicada para las úlceras del aparato digestivo. Aplicada sobre la piel, cura heridas y quemaduras.

De tomillo. La miel que produce esta planta aromática es de color ámbar claro con tonalidades rojizas, sabor delicado y aroma intenso. Indicada para las afecciones de los aparatos digestivo y respiratorio, ayuda a regular la presión arterial y es un buen tonificante contra la fatiga y la astenia.

Otras variedades. Mieles menos frecuentes son la de tilo, de color verdoso casi negro; de abeto, muy líquida y con intenso aroma; de bosque, oscura y con propiedades que refuerzan los sistemas inmunitario y nervioso; de castaño, oscura y algo amarga; de encina, poco dulce, oscura y con fuerte aroma; de hinojo, un buen sedante para las dolencias digestivas, y de rododendro, apropiada para combatir el reumatismo.

Antiséptica, la miel de tomillo activa las funciones intestinales.

Un producto polifacético

La miel es un producto que tiene numerosos usos. No sólo es un alimento que se consume de formas muy diversas por ser un edulcorante que sustituye al azúcar refinado en infusiones, leche y otros líquidos y preparados. También es un ingrediente que participa en la confección de diversas recetas culinarias, en algunos productos de pastelería y panadería y, por supuesto, en la preparación de los turrones tradicionales.

Junto a estas líneas, pollo asado con miel y, a la derecha, pastelito turco de miel y frutos secos.

Las abejas humedecen el polen de las flores para darle forma de bolas y almacenarlo luego en sus panales.

Por otra parte, la miel se ha utilizado desde la antigüedad también para producir un tipo de vino. Conocido como hidromiel, es una bebida alcohólica comparable a los vinos blancos. De su destilación se consigue un aguardiente, mientras que también puede obtenerse un vinagre de calidad con los restos del panal.

Medicamento tradicional. Mencionada ya en papiros egipcios que se remontan a 1600 a.C., la miel era también uno de los remedios que figuraba en la terapéutica del Ayurveda, de larga tradición en la India. Sin olvidar que el romano Romilio Polión, en tiempos del emperador Augusto, atribuía a la miel y el aceite su longevidad, según explican las crónicas del tiempo.

Ya se han mencionado algunos de los usos que tiene la miel en medicina natural. Sólo cabe resaltar que se trata de un remedio eficaz tanto si se ingiere como si se aplica de forma tópica (por ejemplo, cataplasmas de miel), siendo uno de los productos frecuentes que se utilizan en cosmética. Antaño se vendía en las farmacias la llamada miel rosada como receta indicada para colutorios y gargarismos. Preparada diluida en una infusión de pétalos de rosa rojos secos, el líquido se concentraba y clarificaba hasta darle la consistencia propia de los jarabes.

Las píldoras de polen de abejas son muy apreciadas por sus propiedades energéticas y nutritivas.

Conservas y mermeladas

saludables, económicas y fáciles

Hay múltiples causas que pueden influir de forma negativa en la calidad de un alimento y reducir su grado de aptitud para el consumo. Éste es uno de los principales motivos que condujeron al nacimiento de las conservas ya que la naturaleza ofrece diferentes tipos de productos en cada estación del año. Así, por ejemplo, uvas, melocotones, albaricoques o granadas son frutos que únicamente se encuentran frescos en ciertas épocas del año. Y lo mismo sucede con ciertas hortalizas y legumbres, como habas, alcachofas o guisantes. En cambio, otras frutas, como las manzanas o las peras, se encuentran siempre frescas gracias a que sus variedades se sustituyen unas a otras a lo largo de las diferentes estaciones. Sin embargo, también en estos casos están sujetos a períodos de mayor o menor abundancia, al igual que algunos productos de origen animal.

Para poder abastecerse de los diferentes alimentos incluso cuando el calendario no los facilita, el ser humano se afanó en encontrar los mejores métodos para conservarlos durante un período más o menos largo. Y no sólo descubrió la congelación y la desecación, sino también otras técnicas como la salazón o la cocción. En la actualidad, existen otros muchos métodos para prolongar la vida útil de un alimento, pero los mencionados siguen siendo pilares de la conservación. Las industrias conserveras han erradicado, en la actualidad, muchas de las antiguas prácticas domésticas. Pero, aunque dan un importante servicio a la sociedad, también utilizan algunos productos como conservantes, antibióticos, colorantes, etc., muy denostados por los colectivos adeptos a las dietas naturales. Ésta es una de las razones de que en los últimos tiempos hayan re-

En la doble página anterior, frutas escarchadas, una conserva deliciosa y exquisita.

En la página izquierda, melocotón en almíbar, una de las conservas más populares.

Propias del otoño, las granadas pueden consumirse durante todo el año gracias a las conservas.

nacido muchas de las buenas conservas, dulces y saladas, que se hacían antaño. Y, si además los productos utilizados proceden de un huerto propio cultivado de forma natural, los resultados suelen ser óptimos. No sólo son saludables y económicos, sino que además implican la práctica de un ejercicio físico permanente para atender las labores agrícolas.

Las conservas

Para preparar conservas, sobre todo si son caseras, no se necesitan grandes inversiones. Únicamente debe disponerse de un utillaje modesto, muy alejado del que emplea la moderna industria conservera. Por otra parte, si los alimentos vegetales o animales se obtienen en la granja o cultivos propios, resultarán extraordinariamente económicos. Sin embargo, este último aspecto puede también conseguirse prestando atención a las épocas de abundancia de cada producto en los mercados o bien acudiendo directamente a los cultivadores. Si se sabe comprar en el momento oportuno, aunando calidad y precio conveniente, la preparación de conservas propias puede representar un ahorro considerable en la cesta de la compra.

Uno de los principales objetivos que persigue la conservación de alimentos se centra básicamente en destruir los microorganismos causantes de su deterioro pero también en erradicar las posibles causas que conducen a su desarrollo. A consecuencia de ello, se aconseja que el proceso de manipulación de los productos se efectúe tomando las precauciones que sean precisas para evitar al máximo la contaminación de los alimentos o su alteración.

Preparadas en mermelada, las frutas se conservan a lo largo de varios años.

Además, para lograr resultados óptimos en la elaboración de las conservas caseras, hay que emplear productos en perfecto estado. Debe aclararse al respecto que el objetivo de las conservas es únicamente el de mantener el producto sin que pierda cualidades. Es decir, por el simple hecho de conservar un alimento no se mejora la calidad que tenía al comenzar la preparación. Ésta es una de las razones por las que es importante aprovechar la mejor temporada de cada producto, o mejor dicho, la época en que alcanza su máxima calidad y abundancia en el mercado, que casi siempre suele coincidir con el precio más moderado. El granjero sabe por experiencia cuándo llega el momento de la recolección o de la matanza del cerdo. Y quien piense comprar los alimentos para preparar después conservas caseras, debe estar atento a la oferta del mercado si quiere que su actividad resulte lo más provechosa posible.

Otra particularidad es que deben tenerse en cuenta las características climáticas del lugar donde se vive, pues las estaciones del año, y en consecuencia el tiempo de las cosechas, no coinciden en las diferentes zonas de la Tierra. Es aconsejable pues procurarse un buen calendario local con las fechas que en cada región son las más adecuadas para la recolección de las diferentes frutas, hortalizas, pescados, aves de caza, etc. Asimismo, es imposible detallar todos y cada uno de los procedimientos y alimentos que pueden utilizarse para hacer conservas. Sirven sin embargo de ejemplo algunas de las conservas más habituales que se preparan en el ámbito doméstico.

Bolitas de albaricoque y papaya en almíbar, una de las conservas caseras más tradicionales.

Alimentos a conservar

Los hay de todo tipo, tantos como desee quien vaya a efectuar la conserva. Si se trata simplemente de un horticultor, los alimentos a conservar serán los vegetales (frutas y hortalizas) excedentes de su huerto. Pero, si es un granjero aficionado, más o menos modesto que se autoabastece con alimentos de primera mano, puede conservar de un modo u otro todos los excedentes del consumo familiar y de la necesaria alimentación de los animales. Gracias a la conservación, cuando los alimentos frescos no estén disponibles en el mercado, en su mesa no faltarán ni los productos vegetales ni los de origen animal. Y además, si ha utilizado el cultivo bioecológico o ha alimentado según tales normas a sus aves de corral y otros animales, seguirá teniendo garantías de la óptima calidad de los productos que abastecen su consumo doméstico.

Muchos y muy variados son los productos susceptibles de conservarse con métodos caseros.

Producto que suele obtenerse por recolección durante un breve período de tiempo, las setas pueden consumirse durante todo el año si se preparan en conserva.

Y, para los aficionados a la caza, la pesca y la recolección de frutos silvestres o setas, la preparación de conservas les permite almacenar para otro momento lo que no es posible consumir recién cogido. Cabe señalar sin embargo, que en estos últimos casos deben tomarse serias precauciones. Es conveniente elegir siempre ejemplares sanos y no contaminados en la recolección, pues podrían dañar no sólo las comidas que con ellos se preparen de inmediato sino también las conservas que se hagan para momentos posteriores.

Un buen método para aprovechar las mejores ofertas de las frutas es prepararlas en mermelada.

Conservantes más utilizados

Los conservantes que más se utilizan en las preparaciones caseras son, el azúcar, el alcohol, el vinagre y la sal. A veces, estas sustancias se combinan entre ellas o colaboran con otros sistemas o técnicas, como, por ejemplo, el calor. En cambio, la grasa o el aceite de oliva son sustancias que por sí mismas no aseguran una conservación a largo plazo. Para ello precisan la ayuda de otras sustancias o procedimientos.

Hay también algunas preparaciones muy concretas en las que se utilizan otro tipo de productos conservantes, aunque siempre en cantidades muy pequeñas. Se trata del ácido ascórbico, el ácido salicílico o el dióxido de azufre. Cuando se emplea alguna de estas sustancias antisépticas, deben respetarse las dosis y formas indicadas de utilización del modo más riguroso y estricto posible ya que de lo contrario pueden ser perjudiciales para la salud. Como ejemplo, cabe mencionar que el ácido salicílico era un conservante muy utilizado hasta hace poco, sobre todo en la elaboración de conservas caseras y encurtidos. Pero, dada su relativa toxicidad ha sido prohibido en casi todo el mundo. No es el caso del sorbato cálcico, el sorbato sódico o el sorbato potásico, sustancias cada vez más difundidas y empleadas por sus excelentes cualidades.

Abajo, tartaleta de frambuesas en almíbar y, a la derecha, diversas jaleas, productos ambos muy utilizados en repostería.

Tratadas en almíbar, una de las conservas caseras más populares, las frutas estacionales o exóticas se consumen a lo largo de todo el año.

Son de sobra conocidas las propiedades antisépticas del alcohol etílico en medicina, en cambio lo son menos las que tiene como conservante. Y, sin embargo, antaño era frecuente utilizarlo para conservar cualquier tipo de fruta fresca o seca de buena consistencia. En la actualidad, suelen utilizarse como tal diferentes tipos de aguardiente, así como brandy, whisky, ron, etc., según el gusto que se desee introducir.

En cuanto al vinagre, es una sustancia que se utiliza para conservar alimentos crudos o cocidos, aunque resulta particularmente apropiado para las hortalizas. Se trata de un procedimiento muy antiguo cuya principal ventaja radica en que el procedimiento a seguir es realmente muy simple y fácil de llevar a cabo. Cabe señalar, sin embargo, que entre las condiciones a tener en cuenta, la principal es que el vinagre sea de buena calidad, sin olvidar que con frecuencia es preferible que sea blanco, pues no incorpora tantos sabores adicionales.

Preparar mermelada de cerezas o de otras frutas es un buen método para aprovechar los excedentes propios.

El azúcar tiene propiedades antisépticas y conservantes, si se emplea en cantidad suficiente. Entre las conservas azucaradas más populares y frecuentes, se encuentran las que se preparan con frutas. Pueden ser como mermeladas o jaleas, pero también escarchadas o en almíbar. En general se considera que una confitura debe tener un 65 % de azúcar. Es decir, igual peso de fruta que de azúcar, pues en el resultado final también participa el azúcar que aportan las propias frutas. Por lo tanto, para que el producto final sea óptimo siempre debe tenerse en cuenta el tipo de fruta y buscar el difícil término justo. Si se prepara una confitura o mermelada con una cantidad insuficiente de azúcar, existe el riesgo de que fermente. Pero si es excesiva la confitura cristaliza y la fruta pierde su sabor característico. Y también el aceite es una sustancia que actúa como aislante del medio exterior, el aire, por lo que puede preservar durante un tiempo corto los alimentos que en él se sumerjan. Sin embargo, para conseguir conservas más prolongadas, es imprescindible mezclarlo con otros conservantes, como, por ejemplo, la sal o el vinagre. O bien someter el conjunto a un proceso en el que también intervenga el calor.

Por su reducida toxicidad, el ácido sórbico es un buen conservante de mermeladas.

El ácido sórbico es un ácido graso insaturado presente de forma natural en algunas plantas. De él se forman los sorbatos (sódico, cálcico y potásico), un grupo de conservantes cada vez más empleados en sustitución de otros más tradicionales, pero de mayor toxicidad. Es más, de todos los conservantes que se utilizan en la actualidad, los sorbatos se cuentan entre los menos tóxicos. Son incluso menos tóxicos que la sal común o el ácido acético (componente activo del vinagre). A ello se debe que en la actualidad su uso se haya difundido y autorizado en todo el mundo. Metabólicamente, el ácido sórbico se comporta en el organismo como los demás ácidos grasos, es decir, se absorbe y se utiliza como fuente de energía. Como conservantes, los sorbatos están indicados en la preparación de mermeladas, productos de pastelería, mantequilla, derivados de la leche o cárnicos y bebidas refrescantes.

Una práctica muy antigua

La humanidad prehistórica se alimentó básicamente de los productos que obtenía con la caza y la recolección. Pero estos alimentos con frecuencia escaseaban y no tardó en aprender que secados al sol, enterrados en el hielo o recubiertos de sal podían conservarse durante un período más prolongado que los frescos. De todos estos métodos sólo la conservación en sal era suscep-

Gracias a aplicar diferentes métodos de conservación, el ser humano ha consumido alimentos fuera de temporada desde tiempos remotos.

tible de ser practicada en cualquier lugar, pues tanto el hielo como el secado precisaban que las condiciones ambientales fueran las adecuadas. Y fue tal la importancia de la sal en la antigüedad que se convirtió en un bien preciado cuyo comercio controlaban los estados.

Tanto los egipcios como los romanos fueron asiduos de las conservas de pescados y carnes en sal, aunque también utilizaron los ahumados con el mismo fin. Sin embargo, todavía no se habían encontrado los métodos idóneos para prolongar la vida de otro tipo de alimentos. Así, tras el descubrimiento de América, una de las principales dificultades que plantearon los grandes viajes transcontinentales que entonces se llevaban a cabo fue el abastecimiento de víveres suficientes para alimentar a las tripulaciones. Habría que esperar al siglo XVII, con el descubrimiento de las bacterias gracias al microscopio, cuando empezó a vislumbrarse que la llave de una buena y prolongada conservación radicaba en la destrucción de los microorganismos causantes de la fermentación y la descomposición de los alimentos. Y, tras diversos intentos fallidos, en 1780, Nicolás Appert, un pastelero parisino, encontró la fórmula para conservarlos sin que variaran ni su gusto ni su aspecto. Este método consistía en introducir los alimentos en recipientes de cristal, cerrarlos bien y ponerlos a hervir en agua durante cierto tiempo, es decir, esterilizarlos gracias al calor indirecto del agua hirviendo. Unas décadas después se introdujeron las latas para el mismo cometido.

De todos los pescados que se conservan en salazón el bacalao es el que goza de más popularidad.

En el siguiente siglo, Pasteur descubrió las razones científicas de la fermentación de los alimentos y pudo explicar los fenómenos intuidos pero no demostrado por Appert. A partir de ese momento, se investigaron y encontraron nuevos métodos que permiten una conservación más prolongada y con garantías de los alimentos. Aunque algunos son muy complejos, con frecuencia se basan en fórmulas tan tradicionales como la deshidratación, la congelación, la esterilización, etc., y todos tienen en común evitar al máximo la modificación de las cualidades de los alimentos, en especial las sensoriales y las nutritivas.

Tipos de conservas

Los métodos de conservación más antiguos tenían como objetivo reducir o inmovilizar el contenido de agua del alimento con el fin de evitar al máximo la actividad microbiana y prolongar su vida. Con el tiempo, se incorporaron otros productos antisépticos, como el alcohol, o capaces de crear una barrera antimicrobiana, como el humo, que ampliaron las posibilidades de conservación.

Gracias a los experimentos de Nicolas Appert las conservas se envasan en tarros de vidrio.

En la actualidad, siguen practicándose los mismos métodos que se empleaban hace miles de años, pero también se han incorporado a las conservas de alimentos caseras otras técnicas más recientes, basadas en los descubrimientos científicos y los avances de la técnica. En líneas generales, estos métodos se dividen en dos grandes grupos, según utilicen procedimientos químicos o físicos. Al primero de estos grupos, es decir, al que utiliza procedimientos químicos, corresponden los sistemas que emplean sustancias conservantes naturales, como, por ejemplo, ocurre con la salazón, el ahumado, el confitado, o cualquiera de los conservantes químicos.

Al segundo grupo, que sigue procesos físicos, pertenecen tanto la congelación, la refrigeración, la esterilización, la pasteurización y la desecación o deshidratación, como la liofilización, y otros que no pueden llevarse a cabo en el ámbito estrictamente doméstico.

La salazón

Como ya se ha mencionado, la utilización de la sal común (cloruro sódico) para conservar alimentos es uno de los métodos más antiguos que existen. Este producto se obtiene tanto de zonas costeras (sal marina) como de yacimientos interiores (sal gema) con frecuencia alejados del mar en la actualidad. Es posible que, además, la sal fuera uno de los primeros condimentos utilizados para realzar el sabor de los alimentos y que, por diferentes circunstancias, se descubrieran sus excelentes propiedades como conservante, convirtiendo a este sencillo producto en una sustancia preciosa que pronto fue objeto de lucrativos y lejanos intercambios.

De tradición muy antigua, las conservas de vegetales en aceite requieren un hervido previo para eliminar las bacterias contaminantes.

Ya sea seca, en líquido o en salmuera (solución de diferentes proporciones o concentraciones de sal) las conservas que utilizan la sal son tradicionales en los territorios que bordean el Mediterráneo, en Oriente y en los países nórdicos. Con este método se han conservado pescados de tanta popularidad como el bacalao, las anchoas, el atún o los arenques. Pero también piezas de carne, entre ellas los célebres y sabrosos jamones, así como mantequilla y quesos. Sin olvidar que, cuando se desea ahumar ciertas piezas de carne, se someten a una salazón previa para que su esterilización sea más estricta y profunda.

No obstante, a pesar de lo extendido de su uso, la sal común no es un producto carente de toxicidad y cabe señalar que una dosis de 100 g puede ocasionar graves problemas de salud e incluso la muerte de una persona. Es más, hay algunos casos de intoxicaciones accidentales graves de niños muy pequeños por confusión de la sal con el azúcar al preparar sus papillas.

El ahumado

Este método se basa en las sustancias que el humo de la madera o follaje de los árboles desprenden al arder, contribuyendo a eliminar los microorganismos responsables de la alteración y corrupción de los alimentos envueltos por dichos humos. Sin embargo, con frecuencia este método sólo asegura una conservación bastante limitada en el tiempo. Ahora bien los plazos pueden prolongarse si se aplica además un congelado a las piezas previamente ahumadas.

A la izquierda, pescados secándose al sol y, arriba, panceta ahumada, métodos ambos de conservación empleados desde tiempos remotos.

Por otra parte, este sistema no resulta muy práctico para ser llevado a cabo en el ámbito doméstico, sobre todo, si las cantidades de alimentos que se desean ahumar son importantes y superan la capacidad de la chimenea hogareña, cuando se tiene. No obstante, hay algunas personas muy habilidosas que han construido artilugios caseros de cierta capacidad para autoabastecerse de pescado y carne ahumados según sus gustos particulares. Ésta es la forma más frecuente y apreciada de conservar en algunos países (sobre todo, en los del norte de Europa) el salmón, pero también la trucha, la anguila, el arenque, la caballa e incluso la sardina.

La desecación

Este método es otro de los más antiguos empleados por el ser humano. Consiste en eliminar el agua de los alimentos tratados hasta reducir su tasa de humedad a un 14-15 %. Los productos que tradicionalmente han sido sometidos al secado son los cereales, las carnes, el pescado, y algunos vegetales, frutas y hierbas. En los países cálidos es frecuente extender algunos alimentos sobre esteras o piedras, así como colgarlos de los aleros de las viviendas. Y, cuando las condicio-

Secados o ahumados, algunos productos de charcutería no sólo se conservan mejor sino que incluso mejoran y potencian su sabor.

nes climáticas son propicias, también se secan productos alimenticios en los países más fríos. Así, en Escandinavia y en las zonas montañosas de España se secan carnes y pescado aprovechando el viento, el sol y la sombra.

Existen dos técnicas básicas para desecar o secar alimentos. La más tradicional es la que utiliza el calor que irradia el sol. Algo más moderna es la que aplica calor artificial mediante el empleo de un horno a baja temperatura. Existe también una tercera técnica que combina ambas fuentes de calor. Es decir, utiliza el calor natural del sol y refuerza su efecto con el de una fuente artificial.

Al sol. Se trata de un sistema que sólo es posible aplicar en países muy cálidos, en los que impera la luz solar, y de clima templado. Sin embargo, esta técnica no puede utilizarse en todo tipo de alimentos. Así, por ejemplo, si se desean secar frutas, albaricoques, ciruelas, higos, cerezas y uvas son las que ofrecen mejores resultados. Resultan también apropiadas las manzanas y las peras, pero la presencia prácticamente ininterrumpida de ambos productos en los mercados y su precio asequible no parecen aconsejar llevar a cabo el esfuerzo de secarlas.

En general, el secado al sol y al aire libre suele aplicarse a productos muy abundantes y de bajo coste. No obstante, también hay otros más caros, como, por ejemplo, el pescado, que tradicionalmente también se han desecado y siguen tratándose con este método. Los tiempos modernos han introducido diversas mejoras en esta técnica. Una de las más destacadas consiste en colocar el producto sobre rejillas separadas del suelo y cubiertas con una fina malla para aislarlo de posibles contaminaciones, entre ellas la que introducen ciertos insectos. Y también han supuesto un importante avance las cubiertas de plástico que protegen el producto de la lluvia.

El pescado es uno de los alimentos que tradicionalmente se han desecado al sol y al aire libre.

En cuanto al grupo de las hortalizas, sólo las setas resultan ideales para ser desecadas, siempre y cuando se trate de ejemplares totalmente frescos y sanos. En cambio, las legumbres suelen encontrarse casi siempre secas en los mercados y supermercados. E incluso pueden comprarse frescas en algunos casos, o bien obtenerlas del propio huerto y proceder a desecarlas en el hogar si se dispone de un lugar apropiado para extenderlas al sol.

Rodajas de naranja deshidratadas mediante la aplicación de aire caliente.

Al calor artificial. Este método requiere el empleo de un horno que caliente a una temperatura de entre 50 y 60 °C. El procedimiento que se sigue consiste en calentar el alimento a desecar en dos períodos de unas 12 horas, con un intervalo de otras 12 horas entre cada uno de esos períodos. Existen también unos sencillos aparatos eléctricos con circulación de aire para desecar frutas y hortalizas. Estos desecadores están provistos de bandejas deslizantes de rejilla de madera donde se colocan las frutas o verduras para que de modo paulatino desprendan la humedad hasta llegar al grado de desecación conveniente. La temperatura que se aplica oscila entre unos 30 °C de mínima y unos 70 °C de máxima, teniendo como media 50 °C. El pescado y la carne se secan por procedimientos muy similares. Es posible que éstos fueran los alimentos que más interesaba conservar a la humanidad primitiva. Y, aunque la carne y el pescado secos sean ahora menos frecuentes como comida habitual, sigue siendo corriente el bacalao salado y seco, que fue considerado una comida modesta y ahora se ha convertido en un manjar exquisito y de coste elevado. Otros productos también relativamente caros, pero asimismo muy apreciados en algunos lugares de España son la cecina y la mojama, carne y pescado secos, respectivamente.

La deshidratación

Se trata de una técnica artificial de conservación de los alimentos que se basa en reducir a menos del 13 % su contenido de agua y que se consigue con la exposición a una corriente de aire caliente.

Empleada para conservar frutas, entre otros alimentos, la deshidratación es una técnica artificial de conservación muy utilizada en la actualidad.

La liofilización. Variante de la anterior, consiste en efectuar la deshidratación al vacío. Descubierta a principios del siglo XX por la industria farmacéutica, a partir de 1958 la adoptó el sector alimentario, que la aplica a productos tan variados como la leche, el café, las legumbres, los champiñones o la fruta.

Por aplicación de calor

Se trata de un método físico que consiste en someter los alimentos a un tratamiento térmico o cocción de distinta intensidad según los objetivos que se deseen alcanzar. Ello depende de los microorganismos a destruir (bacterias, levaduras, mohos o virus), del estado de los alimentos, de las condiciones ambientales existentes y de si se quieren destruir por completo los gérmenes patógenos, incluyendo las esporas o sólo parte de ellas.

Arriba, una cazuela al fuego. Este tipo de recipiente permite que el calor llegue a los alimentos. A la derecha, leche en polvo liofilizada.

La ebullición. Se trata de cocer los alimentos durante unos 5 minutos, e incluso algo más, a temperaturas de alrededor de 100 °C, lo que asegura la destrucción de la mayor parte de la flora bacteriana, pero no sus esporas. Este método permite conservar los alimentos durante un tiempo poco prolongado, que oscila entre 4 y 10 días, si no se acompaña de otra fórmula. Uno de sus inconvenientes principales radica en que destruye la vitamina C y parte de la vitamina B_1.

La esterilización. Este procedimiento es muy interesante porque permite conseguir resultados muy buenos. Excelente para conservar productos vegetales al natural, no precisa equipos muy sofisticados ni grandes conocimientos para llevarlo a cabo. Con él pueden eliminarse todos los microorganismos, incluidas las esporas que provocan las alteraciones de los alimentos. Se basa en la aplicación de calor por encima de los 100 °C durante tiempos que varían en función de los instrumentos más o menos sofisticados que se utilicen. Cuanto mayor sea la temperatura aplicada, menor será la duración del proceso. En síntesis, sus inconvenientes son que destruye parte de las vitaminas hidrosolubles, básicamente C y grupo B. Como precaución, los recipientes donde se efectúe la esterilización deben cerrar de forma hermética, para evitar que los alimentos tengan contacto con el aire, una vez esterilizados. De este modo la conservación puede ser muy prolongada. Estos preceptos los siguen a rajatabla las instalaciones de las industrias conserveras, mucho más complejas y perfectas que las que se tienen en el ámbito doméstico. Así, por ejemplo, cuentan con grandes autoclaves que permiten alcanzar elevadas temperaturas (alrededor de los 120 °C), esterilizando en menos tiempo y con las mayores garantías. Pero, aunque los equipos disponibles sean mucho más modestos, también en las cocinas hogareñas es posible preparar conservas por esterilización con todos los excedentes hortícolas de que se disponga en las diferentes estaciones del año.

La pasteurización es un método de conservación utilizado sobre todo con la leche.

La pasteurización. Es un procedimiento térmico más suave que el anterior que garantiza un tiempo por lo general más limitado de conservación, que oscila entre algunos días y varios meses en función del tipo de producto pasteurizado. Consiste en calentar el alimento a temperaturas por debajo de los 100 °C, entre 72 y 85 °C durante tiempos cortos, de 15 a 20 segundos y luego enfriarlo de forma súbita a 4 °C. Hay diversas variantes de este método. Una de ellas es la ultrapasteurización, que utiliza temperaturas más elevadas y tiempos más prolongados.

La uperización. Se trata de un método básicamente industrial conocido como UHT que se obtiene aplicando temperaturas de hasta 150 °C por inyección de vapor saturado o seco durante 1 o 2 segundos y acto seguido un enfriamiento rápido a 4 °C. Al destruir por completo las bacterias y sus esporas, el producto así conservado tiene una vida bastante larga, mantiene las cualidades de las proteínas y sus pérdidas vitamínicas son mínimas.

Por aplicación de frío

De origen muy antiguo, la conservación de alimentos que tiene el frío como base ha experimentado una gran revolución en el siglo XX gracias a las grandes novedades técnicas que los electrodomésticos han incorporado al ámbito de la cocina hogareña.

La refrigeración. Consiste en conservar los alimentos a baja temperatura, pero por encima de 0 °C para frenar el desarrollo de los microorganismos, aunque manteniéndolos vivos. Es por tanto un método de conservación a corto plazo que retrasa el desarrollo bacteriano pero no lo impide. Puede aplicarse a to-

Gracias a la conservación en frío, el consumo de pescado se ha extendido notablemente.

Arriba, vegetales congelados y, a la derecha, alimentos refrigerados, dos métodos de conservación que hoy se utilizan en el ámbito doméstico.

do tipo de productos alimentarios (frutas, hortalizas, carne, pescado, leche, platos cocinados, etc.), pero sin pretender una conservación muy prolongada y variando las temperaturas del refrigerador en función de su naturaleza.

La congelación. Está considerado uno de los mejores métodos de conservación y se basa en bajar la temperatura a −20 °C para impedir toda posibilidad de desarrollo microbiano y limitar la acción de la mayoría de las reacciones químicas y enzimáticas. Practicado de forma empírica durante la prehistoria, es un método natural de conservación que ha revolucionado la industria alimentaria en los últimos tiempos. La incorporación desde hace ya algunas décadas de los congeladores como un electrodoméstico prácticamente imprescindible en los hogares ha dado lugar a que este sistema sea hoy el más generalizado de los que se practican en las sociedades industrializadas. A ello contribuye que los supermercados cuenten con grandes congeladores donde es posible encontrar desde las más modestas verduras a los más variados mariscos, pasando por productos cocinados o precocinados, helados y todo tipo de postres.

Muy prácticos, los guisantes congelados casi nunca faltan en los congeladores domésticos.

Los aparatos refrigeradores, con independencia de los compartimentos destinados a mantener los congelados, reciben un nombre diferente según sean de uso doméstico o industrial. Los primeros se conocen como neveras y en ellos el grado de humedad es homogéneo. En cambio, en los segundos, de mayores dimensiones y con posibilidades de alcanzar y mantener temperaturas más bajas, están construidos de modo que cada compartimento puede tener una temperatura y humedad diferente a la del resto para así permitir una conservación óptima de cada producto. Por ejemplo, la carne necesita conservarse a unos 4 °C con un 75 % de humedad, mientras que los tomates precisan de 6 a 8 °C y entre un 85 o 90 % de humedad.

En cuanto a la congelación doméstica, hay unos procedimientos básicos, de sobra conocidos por quienes se ocupan del abastecimiento familiar. Cabe aconsejar sin embargo, que debe prestarse máxima atención a la elección de los productos, pues los resultados estarán en función de la calidad adquirida. Además, hay que recordar que con el tiempo, el contenido en vitaminas de los alimentos se reduce de forma paulatina.

Siempre que cierre bien, cualquier tarro de cristal reciclado es bueno para elaborar conservas caseras.

Las conservas caseras

Los métodos más populares que se utilizan para preparar conservas caseras por esterilización, en vinagre o en azúcar, por citar las más corrientes, no requieren ni grandes espacios ni equipos especiales. Únicamente se precisan envases adecuados para esa función. Una consideración previa, pero importante es que los productos que se deseen conservar deben estar en perfectas condiciones y, si se dispone de frutas o verduras del huerto propio, es preferible que sean recién cogidas. Uno de los métodos más sencillos consiste en preparar conservas de frutas y de ciertas hortalizas crudas, con o sin líquido. Pero lo habitual es someter las hortalizas a una cocción previa y, una vez colocadas en el envase, rellenar los huecos con una salmuera ligera. Y, si se trata de conservas dulces, incorporar almíbar es lo más frecuente. Cuando el producto a conservar es carne ya cocinada y lista para comer, sólo requerirá ser de nuevo calentada, tras extraerla del bote antes de proceder a ingerirla. También puede calentarse al baño María.

Otro medio para preparar conservas domésticas radica en la utilización del horno como sustituto de la esterilización al baño María. Se trata de un sistema muy fácil de llevar a cabo, que con-

Previamente blanqueadas o escaldadas, las hortalizas se introducen en el tarro de vidrio donde luego se esterilizan al baño María.

Fáciles de cultivar, los tomates son una de las conservas caseras más populares.

siste en calentar el horno entre 120 y 122 °C. Una vez alcanzada esta temperatura, se introducen los botes con las frutas o tomates (los productos más recomendados para este tipo de conserva) y se tapan sin apretar la rosca o con un platito. Transcurrido el tiempo indicado, que suele oscilar entre 45 minutos y una hora, se añade enseguida el líquido hirviendo: una salmuera para los tomates u hortalizas, y almíbar para preparaciones dulces de fruta. Al finalizar el proceso, deben cerrarse herméticamente los botes.

Un buen consejo para asegurar el éxito al primer intento es que debe empezarse con los métodos más simples y en pequeñas cantidades para facilitar las manipulaciones de alimentos y utensilios y no acometer de buenas a primeras y sin experiencia previa tareas difíciles y largas. Así, por ejemplo, es mejor empezar por una mermelada o una simple conserva en vinagre que escarchar una fruta, tarea larga y costosa que puede conducir al desaliento. En la preparación de las conservas naturales y domésticas hay determinados procesos previos que no pueden eludirse. Es decir, son de obligado cumplimiento ya sea por higiene o bien para asegurar que el resultado final sea el óptimo.

El lavado. Como primer paso a seguir y previo a cualquier otra operación, debe lavarse a conciencia el producto. Las frutas, verduras y hortalizas en general se lavan una vez se les han eliminado las partes desechables.

Condición indispensable para preparar una conserva es lavar previamente las hortalizas.

La perdiz escabechada es una conserva tradicional que permite poder consumir a lo largo de todo el año una carne que sólo se encuentra fresca durante la corta temporada de caza. Para prepararla (tomando como base una perdiz), se necesitan también una cebolla de tamaño medio, tres o cuatro cebollitas, una zanahoria, un tomate, una ramita de perejil y otra de tomillo, una hoja de laurel pequeña, 150 ml de aceite de oliva, 50 ml de vinagre, sal y pimienta negra en grano. Tras lavarla y salarla, se cose con hilo la perdiz para que mantenga la forma y se coloca en una olla o cacerola, agregando la cebolla, las cebollitas, los ajos, pelados, y la zanahoria, también pelada y cortada a tiras, así como el aceite, el vinagre y la pimienta. Se tapa el recipiente y se cuece a fuego lento durante unas dos horas hasta lograr que la perdiz esté tierna. Una vez enfriada, se envasa junto con el jugo, se tapa herméticamente y se esteriliza según el método habitual.

El blanqueado. Esta operación sirve para completar la higiene de frutas y hortalizas. Con ella se eliminan no sólo las impurezas que hayan retenido tras el lavado, sino también algunos microbios. Recibe asimismo el nombre de escaldado o sancochado, aunque hay ligeras diferencias entre ellos. Por ejemplo, cuando el blanqueo se efectúa durante unos minutos, se considera que hay un principio de cocción. En este caso se trata del sancochado.

Una vez llenos con los alimentos a conservar, los tarros de vidrio se tapan herméticamente.

El blanqueo se efectúa sumergiendo brevemente el producto en agua hirviendo. Al llevarlo a cabo, se aconseja reducir paulatinamente las cantidades que se introducen para evitar que la temperatura de ebullición del agua descienda bruscamente y la operación se prolongue por encima del tiempo conveniente. Pero si los productos a blanquear son de tamaño reducido, se aconseja colocarlos en un cestillo o colador de mango, para sumergirlos y retirarlos de una sola vez.

El enfriado y el secado. Para recuperar su consistencia y tersura, las frutas o verduras recién escaldadas deben enfriarse, sumergiéndolas de inmediato en agua muy fría. Tras este proceso, los alimentos deben colocarse extendidos sobre un tamiz o un paño limpio para que escurran bien hasta quedar completamente secos.

El envasado. Para asegurar que los envases y sus tapas están en perfectas condiciones higiénicas, se aconseja hervirlos sumergidos en una marmita o recipiente de capacidad adecuada y después ponerlos a escurrir boca abajo sobre un paño limpio. Asimismo, hay que controlar que los aros de goma se encuentran en buen estado y que los bordes de los tarros no presentan ningún

Tras un breve blanqueado, mediante una rápida inmersión en agua hirviendo, las frutas a conservar se introducen en los tarros de vidrio.

Conviene extremar las precauciones higiénicas en la elaboración de conservas caseras, por ello, los tarros de cristal son los más idóneos, puesto que hirviéndolos quedan esterilizados.

Llenos y cerrados (abajo), los tarros se colocan en una olla (a la derecha) cubiertos por completo de agua fría, que se lleva a ebullición para esterilizarlos.

mellado que pueda dificultar el cierre hermético. Antaño se aseguraba el aislamiento de la conserva con un disco de papel empapado en alcohol o sellado con parafina, proceso que en algunas ocasiones también se efectúa en la actualidad.

Con las hortalizas, frutas y verduras ya listas, se llenan los envases procurando que queden bien llenos con la ayuda de una espátula de madera. Una buena fórmula consiste en presionar ligeramente las frutas y verduras, pero sin deformarlas para no perjudicar su buen aspecto, que es también importante. Debe tenerse también en cuenta que hay que llenar los tarros por completo si son vegetales crudos a los que no se incorpora ningún líquido, pues el calor reduce el volumen. Por el contrario, si se incorpora líquido (almíbar, salmuera, etc.), deben dejarse libres los dos últimos centímetros de los tarros. Una vez llenos, hay que limpiar los bordes de los tarros y taparlos con cuidado, asegurando las tapas con grapas o por otros sistemas, si no llevan cierre de resorte.

El esterilizado. Es indispensable utilizar una marmita u olla grande para colocar los tarros en el interior, recubiertos por completo de agua y aislados a ser posible del fondo por una cestilla (ollas a presión), trapos u estopa. Este material se emplea también para aislar unos botes de otros si son de vidrio y protegerlos de golpearse durante la ebullición. Existen también unos recipientes específicos llamados esterilizadores, pero no son imprescindibles.

Una vez los tarros están recubiertos de agua fría, se coloca el recipiente sobre el fuego o la fuente de calor (vitrocerámica, inducción, etc.), habiendo tenido la precaución previa de añadir sal si la temperatura que se desea alcanzar es superior a 100 °C. Cabe recordar que esta medida se debe a que el agua salada hierve a 104 °C, pero si la cantidad de sal añadida es mucha pueden alcanzarse incluso los 108 °C.

Si el recipiente utilizado es una olla a presión, el agua no debe superar (con los botes dentro) las 2/3 partes de su capacidad. Y si se utiliza un esterilizador, deben seguirse las instrucciones que aconseja el fabricante.

Tras enfriarlas de forma natural, comprobar su cierre hermético y anotar la fecha de su elaboración, las conservas se almacenan en un lugar seco y oscuro esperando el momento de su consumo.

Al igual que las conservas industriales que se adquieren en todos los supermercados, las caseras tienen fecha de caducidad. Es decir, pueden no ser apropiadas para el consumo al cabo de cierto tiempo. Para tener una guía del tiempo transcurrido desde que los diferentes productos se esterilizaron, una buena medida consiste en etiquetarlos indicando detalles como el tipo de producto, el procedimiento seguido y la fecha de preparación, antes de almacenarlas. Y, como es lógico, estas etiquetas servirán de guía tanto en las sucesivas revisiones como para su almacenaje, que irá de las más recientes a las más antiguas. Dicho de otro modo, se recomienda colocar las más antiguas en primera línea o en el lugar más accesible.

Por otra parte, el tiempo de esterilización es muy variable. Depende de los productos, el tamaño de los envases y los recipientes utilizados. El inicio de la ebullición marca el punto de partida, pero se precisa menos tiempo si se trabaja con olla a presión que con recipientes convencionales. Transcurrido el tiempo de esterilización necesario, el recipiente se retira del fuego y se abre, tomando las precauciones habituales si es de presión. Acto seguido se procede a enfriar el contenido, pero tomando ciertas precauciones.

Con este proceso se conserva tanto el aspecto como la textura de los productos. El modo más rápido de enfriarlos consiste en verter agua fría, pero cuidando de no hacerlo directamente sobre los tarros de vidrio, que podrían estallar con el cambio de temperatura. Luego se sacan los envases y se colocan sobre un paño que los aísla de algunas superficies demasiado frías, como por ejemplo serían los mármoles. Y no está de más practicarlo también con otras superficies metálicas o de otros materiales que hoy resultan habituales en las cocinas modernas. Es imprescindible en este momento comprobar si los envases están herméticamente cerrados. Para ello, nada más fácil que sujetarlos sólo por la tapa y levantarlos. Una vez frías, las conservas están listas para almacenarse en un lugar, a ser posible fresco y oscuro.

Arriba, tostada cubierta con mermelada de naranja y, a la derecha, tarro de mermelada de fresas.

Mermeladas, confituras y demás conservas dulces

Las conservas dulces tienen un amplio y atractivo abanico de posibilidades. Ya sean jaleas, confituras, mermeladas, frutas en almíbar, frutas escarchadas etc., la mayoría obedecen a recetas de bastante antigüedad, aunque la introducción en el siglo XIX del azúcar de remolacha supuso un paso importante en su posterior desarrollo. Es más, a pesar de los numerosos avances que la industria ha introducido en este campo, los productos artesanales de este tipo no han desaparecido. Al contrario, en muchos hogares siguen practicándose al modo tradicional y se emplean fórmulas que se transmiten de generación en generación como uno de los más preciados tesoros familiares.

Aunque no son imprescindibles, existen ciertos utensilios que facilitan su producción. Uno de ellos es el densímetro o pesajarabes, que permite conocer la mayor o menor densidad de un almíbar. También es interesante la olla de confitar, un recipiente muy corriente pero con la singularidad de disponer de un agujero en la tapa por el que se introduce un termómetro que permite controlar la temperatura de la cocción en todo momento. Las más modernas llevan incorporado un termostato que la regula y además un temporizador para determinar el tiempo de cocción.

Exquisitas, las mermeladas son fáciles de elaborar y muy económicas si la fruta es de temporada.

Edulcorantes y espesantes

Ya se ha comentado con anterioridad que el azúcar es, junto con las frutas, el ingrediente básico de las conservas dulces. Pero en la actualidad existen en el mercado algunos productos que ayudan a obtener un resultado más seguro o simplemente abrevian el proceso de cocción. Su empleo es optativo, por lo que pueden prescindir de ellos quienes deseen ceñirse a los sistemas más tradicionales.

Asimismo, es preciso señalar que el azúcar suele emplearse con algún tipo de cocción previa. Por ejemplo, al preparar frutas al natural, el líquido incorporado suele ser un almíbar más o menos ligero, que permite que las frutas se conserven jugosas y con buen aspecto. Es lo que se llama un líquido vehicular, del que se prescinde en la mayoría de los casos cuando se consume la fruta que lo acompaña.

En cuanto a las mermeladas, confituras y jaleas, el azúcar forma parte de la pasta terminada. Y, en las frutas escarchadas, impregna la fruta, que durante el proceso, bastante laborioso, va perdiendo el agua que contiene, y la deja recubierta de una fina y dulce capa blanquecina.

El azúcar es un ingrediente indispensable en la elaboración de mermeladas y jaleas.

Azúcar gelatinizante. Se trata de una sustancia que contiene pectina y ácido cítrico y permite abreviar la cocción. Si se desea utilizar azúcar normal, añadiendo un sobrecito de espesante se consiguen resultados similares.

Edulcorantes para diabéticos. Son productos gelatinizantes especiales que contienen sorbitol o aspartamo, pectina y ácido cítrico. Buenos sustitutos del azúcar, ofrecen la posibilidad de preparar mermeladas o conservas que cumplen los requisitos apropiados para que las personas diabéticas o las que siguen un régimen bajo en calorías puedan consumirlas.

Espesantes o gelatinizantes. Al reducir el tiempo de cocción, estos productos contribuyen a conservar mejor las características de las frutas. Pueden utilizarse en polvo o en líquido, pues la industria alimentaria los facilita en ambos formatos.

Ácido cítrico o zumo de limón. El limón ayuda a lograr la textura adecuada de las confituras de frutas, en especial si son poco ácidas, por lo que bien sea el zumo del limón fresco, o bien sea el ácido cítrico en polvo, estos ingredientes suelen resultar indispensables.

Delicioso postre a base de diferentes mermeladas y frutos frescos elaborado con azúcar gelatinizante.

Agar-agar. Este es el nombre de un producto derivado de ciertas algas marinas que se utiliza como gelatinizante. El proceso para utilizarlo es un poco diferente al de los productos habituales, ya que actúa lentamente. Es decir, el polvo de agar-agar, disuelto en líquido frío, se mezcla con la confitura ya hecha. La masa resultante de dicha mezcla se hierve de nuevo y se envasa en tarros que se almacenan en un lugar oscuro, fresco y seco, sin moverlos mientras prosigue el proceso.

Para elaborar mermelada de naranja, las piezas de fruta se lavan a conciencia, con un cepillo si es preciso, se secan y luego se cortan en juliana, piel incluida.

Frutas al natural

Se trata de una conserva muy sencilla y fácil de llevar a la práctica, que se puede aplicar a distintas frutas: melocotón, pera, manzana, fresas, cerezas, etc. Es importante sin embargo que toda la fruta utilizada esté perfectamente sana.

Para preparar fruta natural en conserva, es condición indispensable disponer de bastante azúcar.

Para prepararla se coloca la fruta, convenientemente pelada, limpia y troceada, en frascos o tarros de vidrio, espolvoreando cada capa de fruta con azúcar. Cuando el frasco está casi lleno por completo, se añade otra capa de azúcar, se coloca la tapa y se cierra herméticamente. Luego se colocan los tarros en un recipiente y se esterilizan durante un tiempo que oscila entre 20 y 45 minutos, dependiendo de si se trata de frutas blandas o duras. Hay quien también incorpora un poco de agua, ligeramente acidulada con zumo de limón (para evitar que la fruta ennegrezca), opción con la que se obtienen resultados bastante similares a los de las frutas en almíbar.

Frutas en almíbar

Una conserva muy tradicional y frecuente es la preparada con un líquido denominado almíbar, de consistencia en general bastante licuada, aunque el grado de densidad puede variar. Los tarros, rellenos con la fruta a conservar, bañada y cubierta con almíbar, se tapan y se esterilizan al baño María por lo general entre 10 y 30 minutos como término medio, pues el tiempo varía en función del tipo de fruta utilizada.

El arnadí es un postre tradicional de algunas zonas de la Comunidad Valenciana que se puede conservar durante un período largo. La base para elaborar esta semiconserva es la calabaza (también puede hacerse con boniatos cocidos). Por cada 1,5 kg de pulpa cruda de este fruto se necesitan 0,5 kg de azúcar y la misma cantidad de almendra molida, un puñado de almendras crudas peladas y 4 yemas de huevo. Tras hervirla (debe ser tierna) y escurrirla, la pulpa de la calabaza se amasa junto con la almendra molida, el azúcar y las yemas de huevo. Con la masa resultante se forman montañitas, que se recubren con almendras crudas fileteadas y se colocan en recipientes adecuados para el horno, donde se cuecen hasta que al pincharse con una aguja, ésta sale limpia.

Muy laborioso, el escarchado de frutas es una conserva que requiere tiempo y paciencia.

El almíbar. Se trata de un preparado muy característico hecho con azúcar y agua, cuya densidad, similar a la del jarabe, varía con la temperatura. Es decir, resulta algo más espeso en frío que en caliente. Su consistencia exacta la determina el pesajarabes. Al parecer un almíbar es óptimo cuando marca 1,26 en el densímetro durante la ebullición y 1,32 a 15 °C. Pero, si no se dispone de este instrumento, puede comprobarse manualmente de forma aproximada. Para ello basta con humedecer en agua fría la yema de los dedos anular y pulgar y coger con ellos una gota de almíbar. Al separarlos se forma una hebra cuya mayor o menor resistencia está directamente relacionada con su mayor o menor densidad. Si al comprobarlo se observa que el almíbar es excesivamente licuado, puede espesarse añadiendo más azúcar o simplemente dejándolo cocer durante un tiempo más prolongado.

La fruta en almíbar es una conserva fácil de elaborar que gusta a todas las edades.

Frutas escarchadas

Aunque el escarchado es una preparación que no entraña demasiadas dificultades, lo cierto es que también es muy engorrosa y requiere una buena dosis de paciencia más que de habilidad. Para lograr un buen escarchado, la fruta debe sumergirse repetidas veces en almíbar cada vez más concentrado. Pero hay que dejar transcurrir algunas horas entre un baño y otro. Con este procedimiento se logra que el agua de las frutas salga al exterior, mientras el azúcar, con sus propiedades conservantes, penetra lentamente en su pulpa. Y si la fruta escarchada se almacena en un lugar seco y fresco, se conserva durante varios meses. Pueden escarcharse todo tipo de frutas (albaricoques, melocotones, peras, melón, cerezas, ciruelas, kiwis, naranjas, fresas, etc.). Hay diversos procedimientos para llevar a cabo esta operación, pero todos tienen una base común. En cualquier caso es un trabajo que se prolonga, aproximadamente, entre una y dos semanas.

Tras lavarla, cortarla en gajos o trozos grandes (si es pequeña se deja entera) y deshuesarla si es preciso, la fruta se pone en un recipiente que pueda ir al fuego. Se cubre con agua fría, ligeramente acidulada con zumo de limón, dejándola primero en remojo y cociéndola luego para ablandarla ligeramente. Una vez extraída, se prepara un almíbar con el agua de cocción, incorporando la cantidad de azúcar que precise (suele doblar el peso de agua). Su grado de consistencia debe alcanzar el punto en que forma una hebra fina. Entonces se incorpora la fruta, se somete a un hervor vivo, se aparta del fuego y se deja reposar la fruta en el almíbar durante un día entero. Transcurrido ese tiempo, se saca con precaución la fruta, se escurre y de nuevo se cuece en un almíbar algo más espeso, siguiendo a continuación los mismos pasos que el día anterior. Y así sucesivamente hasta que el almíbar tenga la densidad apropiada o que prácticamente se haya consumido.

En caso de que sea preciso algo más de almíbar, puede aumentarse un poco la cantidad, respetando las proporciones de agua y azúcar. Cuando se considere que ya está bien escarchada, se coloca la fruta sobre una rejilla forrada con papel que no se adhiera, en un lugar seco y fresco para que seque hasta que la superficie exterior no se pegue a los dedos al cogerla. Si se desea acelerar el secado puede ponerse en el interior del horno calentado a temperatura muy suave (50 °C), pero apagado y teniendo la precaución de mantener la puerta abierta. Una vez seca, la fruta escarchada se conserva en tarros o cajas que cierren herméticamente.

Confituras y mermeladas

Ambas preparaciones utilizan frutas y azúcar, y la diferencia entre ambas no siempre es muy clara, aunque en España suele identificarse la confitura con la masa que presenta las frutas enteras o troceadas, mientras que se reconoce como mermelada el producto resultante de haber pasado la masa por el tamiz.

Gracias a un repetitivo bañado en almíbar, las frutas escarchadas sustituyen el agua por azúcar.

Mermelada. Puede utilizarse cualquier tipo de fruta (melocotones, peras, manzanas, albaricoques, moras, melón, sandía, etc.), que debe pelarse y deshuesarse si procede o bien extraer la piel fina que envuelve cada gajo en caso de ser naranjas. Tras colocarla en una cazuela, se cuece a fuego suave y, cuando la fruta ha soltado un poco de agua, se agrega el azúcar. Este ingrediente varía al gusto del consumidor y según lo dulce que sea la fruta utilizada. Así, puede incorporarse desde un peso similar al de la fruta hasta sólo la mitad. Luego, se cuece el conjunto hasta que la fruta esté prácticamente deshecha, sin dejar de remover de vez en cuando y añadiendo un poco de agua y un chorrito de zumo de limón si la masa espesa demasiado. Cuando la cocción ha finalizado, se retira del fuego, se deja enfriar un poco y se pasa por el tamiz. Con la mermelada resultante se rellenan los tarros de vidrio con cierre hermético y se pone a esterilizar durante unos 10 minutos.

Como cualquier mermelada, la de pera precisa agua y azúcar u otro edulcorante para llevarla a cabo.

Jaleas

La diferencia de las jaleas con las confituras y mermeladas radica en que la fruta se utiliza aquí en forma de zumo. Se comprende pues que para elaborarlas se prefieran las frutas más jugosas y, si es posible, que contengan bastante pectina, por ser capaz esta sustancia de formar gel en presencia del azúcar. Sin embargo, esta condición no es imprescindible ya que la pectina se puede incorporar también como ingrediente adicional, sea como preparado listo para utilizar o bien produciéndola en casa. A veces, las jaleas se preparan con zumo de frutas de diferentes características, pero complementarias. Las más frecuentes suelen ser las de frutos silvestres, como grosellas, moras, arándanos, etc., aunque también pueden hacerse con manzana, pera, naranja o uvas, entre otras muchas. Para prepararla, se cuece la fruta en agua y se machaca antes de pasarla por un tamiz muy fino que sólo permita pasar el jugo. Acto seguido se agrega azúcar en cantidad similar al peso de este líquido y se cuece a fuego lento, removiendo y espumando con frecuencia. Al arrancar el hervor, se espuma de nuevo y se deja de remover. Transcurridos entre 3 y 10 minutos de ebullición, se alcanza el punto deseado. Se retira y se extrae la espuma, en caso de existir. Una vez fría, se envasa en tarros de boca ancha, se cubre con papel parafinado, mojado en aguardiente, y se tapa.

De textura parecida a la gelatina, las jaleas se obtienen con el jugo de las frutas utilizadas para aromatizarlas. Las de frutas del bosque suelen ser las más frecuentes.

Cocina vegetariana
un estilo de vida

Como concepto general, se entiende por cocina vegetariana aquella en la que predomina la utilización de productos vegetales sobre los de origen animal. El ser humano, omnívoro por naturaleza, se hace vegetariano por razones de índoles muy diversas (salud, religiosas, ecológicas o filosóficas). Fruto de ellas, las personas vegetarianas ven el mundo desde puntos de vista que, casi siempre, son completamente opuestos a los de las omnívoras. La sociedad actual encierra enormes contradicciones de todo orden, que no escapan al ámbito de la gastronomía ni al de la nutrición. Mientras que las naciones desarrolladas (alrededor de una cuarta parte de la población mundial) tienen la posibilidad de alimentarse de manera adecuada, las subdesarrolladas apenas pueden subsistir y, desde luego, no están en condiciones de elegir entre diferentes tipos de dietas. Sin embargo, puede decirse que, desde el punto de vista de la nutrición, la mayor parte de la población del mundo rico está subalimentada, porque mientras consume de forma insuficiente productos lácteos, vegetales y frutas secas, abusa de las carnes, las grasas, los hidratos de carbono y el alcohol.

La alimentación, imprescindible para el ser humano, no debe suponer un lastre en su vida. Es decir, no se debe vivir para comer, sino todo lo contrario. Ahora bien, según el modo de comer, se vive de una forma u otra. Por tanto, si una persona se inclina por seguir una dieta vegetariana, es importante, como en cualquier otra, saber elegir los alimentos de modo que aporten la energía suficiente para llevar una vida sana y prepararlos de la forma más adecuada para satisfacer los sentidos, esto es, que tengan buena presencia y sabor.

En la doble página anterior, diversos productos vegetales, base de la dieta vegetariana.

En la página izquierda, un chorro de aceite de oliva, aliño ideal de los vegetales.

De la carne a la verdura

El ser humano puede subsistir perfectamente a base de una dieta exclusivamente cárnica, aunque este método no es el más adecuado para alimentarse de forma sana. Por norma general, se practican dos tipos básicos de regímenes alimenticios: el mixto y el vegetariano. El primero es el régimen propio de la mayoría de la población mundial, es decir, el que se ha mencionado con anterioridad en relación a los omnívoros. Carnes, vegetales, huevos, lácteos y sus derivados forman parte de la dieta, si bien se pone un especial cuidado en no abusar de la carne. El régimen mixto da preferencia a las carnes blancas, las bovinas y las lanares, así como las de aves de corral, sobre las de la caza. El pescado está especialmente aconsejado, aunque se excluye el consumo de los mariscos.

Además de los productos vegetales, la mayoría de dietas vegetarianas incluyen también huevos.

En cambio, el régimen vegetariano prescinde del consumo de las carnes y de los pescados, que los sustituye por los productos lácteos, que son muy ricos en calcio. También recurre a los huevos y, por supuesto, a los alimentos de origen vegetal, de forma que logra una alimentación completa y equilibrada. La leche, por ejemplo, posee una proteína (la caseína) cuyo valor biológico es muy superior al de las proteínas de las carnes.

Debido a la procedencia animal de algunos alimentos utilizados en el régimen vegetariano, como los huevos, algunos consideran que el vegetariano es en realidad el verdadero régimen mixto y que reúne todas las cualidades necesarias para el organismo sin dejar residuos tóxicos que obliguen a los órganos a realizar un sobreesfuerzo o entorpezcan la acción de las secreciones internas.

La gran especialización de este tipo de cocina requiere un exhaustivo conocimiento de la dietética. Si los alimentos no se combinan adecuadamente, se corre el riesgo de elaborar una dieta poco equilibrada. Algunos vegetales, como las legumbres, los espárragos y la harina de avena, son muy ricos en purinas, incluso más que las carnes, lo cual debe tenerse en cuenta a la hora de combinar los alimentos vegetales con la leche y los huevos.

Para confeccionar una dieta vegetariana equilibrada, es imprescindible conocer la composición nutritiva de los alimentos.

Grados de vegetarianismo

El régimen vegetariano estricto o absoluto, llamado también vegetalista, sólo admite alimentos de origen vegetal y rechaza cualquiera de procedencia animal. Su seguimiento obedece a profundas convicciones acerca de cómo debe desarrollarse la vida. Quienes siguen este régimen consideran que no es necesaria la carne para alcanzar una gran calidad de vida. Incluso más: la carne sólo contribuye a empobrecerla. Toman como ejemplo algunos de los grandes mamíferos, como el elefante, el caballo, el buey, el búfalo, etc. Éstos, dotados de una gran fuerza muscular, realizan grandes esfuerzos y soportan muy bien el cansancio, aunque (o precisamente por ello) su alimentación sea exclusivamente vegetal. En las antípodas de estos animales están los carnívoros, cuya capacidad para soportar la fatiga es inferior. Así, el régimen vegetariano estricto se basa exclusivamente en alimentos vegetales, lo que obliga a incrementar el volumen de las raciones. Y la digestión de los productos es más lenta pues, por ejemplo, las proteínas de origen vegetal son más difíciles de asimilar por el organismo que las de procedencia animal. La carne es proporcionalmente más nutritiva que los vegetales y, en consecuencia, con ella no se requiere tanta cantidad de alimento.

Mientras que los residuos de los vegetales son inofensivos para el ser humano, los desechos de las carnes son tóxicos, aunque sus efectos se pueden neutralizar reduciendo el consumo de las mismas, de modo que el hígado pueda destruir con facilidad las toxinas. Si se abusa de las carnes, el hígado se ve obligado a realizar un esfuerzo añadido que le ocasiona disfunciones de diferente tipo. Sin embargo, la dieta que sólo utiliza productos vegetales no está aconsejada ni para cualquier edad ni para

Aunque cuenta con entusiastas partidarios, la dieta vegetariana rigurosa no está indicada para todas las edades.

cualquier estado físico. Así, como tampoco no se puede preparar la misma dieta para un niño que para un adulto o un anciano, pues con ello se impide que sus organismos adquieran las sustancias que necesitan.

Algunas modalidades de dietas vegetarianas incluyen también leche y derivados.

El vegetarianismo estricto alcanza su mayor grado de purismo mediante la práctica del llamado «crudivorismo integral», que consiste en no cocinar ningún alimento, esto es, comer los alimentos exclusivamente crudos. Forman parte también de este grupo los frutarianos, que se alimentan de fruta fresca, frutos secos, miel y aceite de oliva. Menos estrictos son los lactovegetarianos, que incorporan a la dieta de alimentos vegetales, la leche y sus derivados, y algo menos todavía los ovolactovegetarianos, que suman los huevos a la anterior. Algo diferentes son los semivegetarianos, que ingieren algún tipo de alimento de origen animal. Por lo general, se limitan a excluir las carnes rojas, sean de ternera, cordero o caza, o simplemente sólo consumen los alimentos procedentes de algunos grupos de animales.

Los alimentos aportan al organismo nutrientes tan esenciales como las proteínas, los hidratos de carbono, las grasas, las vitaminas, los minerales y el agua. Cada uno de ellos tiene la misión de satisfacer sus necesidades energéticas, constructoras o protectoras. Así, las proteínas y las sales minerales son nutrientes constructores que se ocupan de conservar y renovar los tejidos y los órganos, mientras que los minerales básicos se encargan del desarrollo y la conservación del esqueleto óseo y de los dientes. En cuanto a las grasas y los hidratos de carbono proporcionan la energía que se precisa para mantener las funciones esenciales y la actividad física.

Sea como fuere, la cocina vegetariana ha desarrollado una gran cantidad de platos de un gran valor gastronómico y que son aceptados también en los menús de quienes no practican el vegetarianismo. Además de las ensaladas de toda suerte, tan presentes en la cocina universal, es posible disfrutar con el sabor de unas deliciosas judías o alubias blancas a la cebada, de un potaje verde y rojo o de unas sorprendentes hamburguesas de arroz, sin olvidar unos buenos espárragos gratinados o unos calabacines y berenjenas picantes.

Para elaborar una dieta equilibrada deben tenerse en cuenta la edad y la actividad física de las personas.

Aporte energético básico

Antiguamente, el varón necesitaba unas 3.000 kcal, y la mujer unas 2.400. En la actualidad, el primero no supera las 2.200 kcal y la mujer apenas alcanza las 1.800 kcal. Aunque una alimentación adecuada debe considerar aspectos como el clima, la actividad y las condiciones físicas y psicológicas, la proporción media de calorías se estima en un 60 % de hidratos de carbono, un 30 % de grasas y un 15 % de proteínas. Los hidratos de carbono son esenciales para los músculos, y las proteínas, imprescindibles para el ser humano, sustentan la vida de las células y facilitan el crecimiento.

Los alimentos ricos en proteínas no siempre contienen otras sustancias necesarias para un perfecto desarrollo de la vida. Así, la carne, el pescado y los huevos son pobres en calcio, justo lo contrario que los productos lácteos. Pero hay también alimentos que contienen muchas proteínas de origen vegetal, como las legumbres, los cereales y los frutos secos, aunque su valor biológico es inferior al de las proteínas de origen animal.

Las dietas semivegetarianas incluyen pescado y otros productos de origen animal entre sus ingredientes.

Las algas

Desde hace miles de años los pueblos orientales han aprovechado estas excelentes hortalizas marinas. Asimismo, en algunos países europeos, los marineros conocen desde la antigüedad algunas algas y localmente las han consumido. Tal es el caso de, por ejemplo, Gales, Escocia, Irlanda y los países nórdicos. Pero en general, hasta hace unas pocas décadas, los europeos no las incluían en sus recetas. Sin embargo, en la actualidad ya forman parte de nuestra gastronomía. Así, uno de los productos que más consumimos es el agar-agar, una especie de gelatina elaborada con algas que es parte integrante de muchos productos alimentarios manufacturados. Por otra parte, en los restaurantes chinos y japoneses, a los que cada vez se acude con mayor frecuencia, las algas se encuentran tanto en ensaladas, sopas y guisos como, por supuesto, en los célebres sushi.

De larga tradición en las cocinas de Extremo Oriente, las algas tienen múltiples aplicaciones gastronómicas y pueden adquirirse frescas o deshidratadas.

En cuanto a los productos elaborados o derivados, sin considerar la amplia línea de cosmética y perfumería a la que abastecen, una firma bretona inició en 1987 la fabricación de productos como el Moutalg (mostaza de algas), el Vinalg (vinagre de algas), así como algas preparadas para servir, calentar en la sartén o para agregar a salsas, sopas, platos de huevos, carne o pescado. Una alternativa de gran interés gastronómico son las algas conservadas al natural, en sal o congeladas. De este modo se encuentran tanto lechugas de mar como espaguetis de mar, dulse o wakame. A diferencia de las desecadas, estas algas se adaptan mejor a los gustos tradicionales de la cocina occidental, a la que agregan un toque de modernidad. Se utilizan para ensaladas y sopas, así como para confeccionar salsas, guisos y salteados.

Variedades

Desde el puno de vista botánico, se clasifican por su color en pardas (kombu), verdes (lechuga de mar) y rojas (*carragenan*). Su valor nutritivo, siempre que no estén contaminadas (algo que debe tenerse en cuenta) puede ser superior al de las verduras terrestres: tienen entre un 20 y un 60 % de proteínas de su peso en seco (superior a la mayoría de hortalizas), glúcidos, oligoelementos (yodo, hierro, potasio, manganeso) y vitaminas (C, A, D). Con la particularidad de que algunas son duras, todas son comestibles y no sólo tienen valor alimentario, sino también gastronómico y terapéutico.

Tradicional preparación culinaria japonesa, el sushi más popular se elabora con algas kombu.

Lechuga de mar. El nombre tradicional de esta alga (*Ulva lactuca*) indica su bonito aspecto y color. Tiene tanta vitamina C como el limón, más vitamina B_{12} que el hígado, así como las vitaminas A y E y mucho yodo. Está presente en el litoral de Cataluña y del Cantábrico, incluso en lugares próximos a los puertos, pero en estos casos hay que tener en cuenta que están contaminadas.

Alga vesiculosa. Conocida también como sargazo vejigoso o encina de mar (*Fucus vesiculosus*), esta alga es común en las islas Baleares. Comestible, puede consumirse como si se tratara de cualquier verdura. La especie mencionada es de color amarillento, pero en el Cantábrico vive otra (*Fucus spiralis*) de tonalidad más oscura.

La lechuga de mar crece en algunos puntos del litoral hispano.

Espaguetis de mar. El nombre común de esta alga (*Himanthalia elongata*) ya indica su indiscutible vocación culinaria. Tiene las mismas aplicaciones que las algas específicas para cocinar: puede guisarse, estofarse, freírse o agregar a sopas, salsas, gratinados, platos de pescado, etc. En fin, prepararse al gusto de quien cocine.

Laminaria o kombu. Aunque en el Mediterráneo vive una especie de esta alga (*Laminaria rodriguezii*), la más conocida procede de Japón y se la conoce con el nombre de kombu (*Laminaria japonica*). Allí es fruto de un cuidadoso cultivo dirigido a sostener su gran valor crematístico. Existe otra especie (*Laminaria digitata*) que vive en las costas bretonas y con la que se elaboran diferentes productos. Esta última laminaria se encuentra también en el litoral de Escocia, Inglaterra, Irlanda, países escandinavos y de Estados Unidos. Las laminarias se caracterizan por tener hojas muy grandes y largas (de entre 2 y 20 m) de color pardo.

Con las algas rojas se elaboran productos alimentarios y cosméticos.

Como producto, el kombu está fabricado con laminarias desecadas y prensadas. Por su contenido de glutamato monosódico, es un saborizante natural con el que pueden hacerse sopas, caldos cortos para pescados e incluso agregarlo a las legumbres, a las que facilita su cocción y aporta un exquisito sabor.

Cultivada en Japón, el alga kombu se deseca y prensa para exportarla.

Dulse. El dulse o alga roja (*Palmaria palmata* o *Rhodymenia palmata*) es de color púrpura y mide unos 30 cm. Se desarrolla en las costas atlánticas, desde Gran Bretaña e Irlanda a Estados Unidos. En Escocia y Estados Unidos hay una especie que se utiliza como condimento, mientras que en Irlanda e Islandia se ha empleado como chicle o goma de mascar o como tabaco de masticar. En este último país la utilizan en alguna receta de pescado, mientras que en el territorio asiático de Kamtchatka, perteneciente a Rusia, se fabrica un licor con ella. Si se remoja, puede incorporarse a ensaladas y también a sopas y guisos e incluso hervirla como si se tratara de espinacas.

Rojas o verdes, las algas aportan una gran cantidad de energía y elementos nutritivos y vitamínicos al organismo.

Wakame. El wakame se encuentra fácilmente en los comercios de productos orientales. Es el nombre común del alga *Undaria pinnatifada*. De forma parecida a la laminaria, es de color verde claro y mide un metro de longitud. Se la cultiva intensamente en Japón, país donde su consumo es generalizado, al igual que en China, Corea, etc. También ha empezado a cultivarse en Bretaña. Se trata de un alga que contiene una proporción de calcio diez veces superior a la de la leche, dato a tener en cuenta, además de 20 % de proteínas, 40 % de hidratos de carbono y 1 % de lípidos, todos los aminoácidos esenciales y vitaminas. Es pues algo así como un maná alimentario. Y, por si fuera poco, es interesante desde el punto de vista gastronómico ya que previamente remojada es un ingrediente adecuado para ensaladas o para hervirse con verduras y sopas.

Cultivada incluso en Europa, el alga wakame es una de las más nutritivas y consumidas.

Carragenan. Conocida con el nombre científico de *Chondrus crispus*, es una pequeña planta marina que forma densas praderas de color púrpura en las costas norteamericanas, desde Nueva York a Massachusetts, así como en las costas escocesas y escandinavas pero, sobre todo, en Irlanda. En realidad su nombre, *carrageen* (y el de sus derivados, como carragenato, carragenina, etc.) procede del pueblo irlandés de Carragheen, especializado en la recolección de esta alga, que en inglés llaman *Irish moss* (musgo irlandés o, también, liquen irlandés). Este musgo se emplea mucho en productos alimentarios y cosméticos de gran consumo: helados, cremas, salsas, condimentos y chocolates. En Irlanda se utiliza tanto fresco como desecado para preparar productos tradicionales de pastelería, incluidos helados y cremas, en los que uno de sus ingredientes es la leche, aprovechando que el 80 % de esta alga es mucílago.

Porfiria o nori. Es un alga roja de la especie *Porphyra linearis* y *P. umbilicalis* que goza de gran popularidad en Gales, donde se la denomina *laver*, y en Irlanda, donde se llama *sloke*. En el sur de Gales, donde es particularmente apreciada, sobre todo, en la zona de Swansea, extraen de ella diversos recursos alimentarios y gastronómicos. Entre sus derivados destaca un tipo de mantequilla negra conocida como *llawvan* en galés; un pan llamado *bara llawr*, y unas albóndigas o bolas rebozadas con harina de avena y fritas con huevos y beicon. Los escoceses las utilizan para hacer pastas o galletas con avena, jaleas, etc. Fruto de un intenso cultivo en China y sobre todo Japón, es conocida con el nombre de nori gracias a una importante industria de acuicultura. En ambos países la consumen de todas las formas posibles: en sopas, como envoltorio en los sushi, en conservas, postres, etc. En España se la encuentra desecada en los comercios especializados en productos dietéticos y orientales.

Fruto de un cultivo intensivo, el alga nori se emplea para elaborar diversos productos alimentarios.

Una de las formas más originales de preparar esta alga consiste en pasarla varias veces por la llama con rapidez hasta que su color cambia. De este modo se consigue que quede crujiente y su gusto sea más intenso. Tratada así puede consumirse directamente como entrante o aperitivo y, si se tritura con los dedos, sirve también como condimento.

Arame. Al igual que la anterior, esta alga se cultiva y se vende en los comercios de productos orientales. Y, aunque se cuece algo más rápida que la nori, tiene aplicaciones muy parecidas. Con un remojo previo puede utilizarse para preparar ensaladas.

Por sus propiedades gelificantes y espesantes, el agar-agar es un producto muy utilizado por la industria alimentaria.

Iziki. Es un alga filamentosa, de origen oriental, que se desarrolla en mares cálidos. Se cosecha en otoño, cuando tiene unos 30 a 50 cm de longitud y se encuentra en los comercios de productos orientales. Es muy rica en calcio y hierro. Suele ponerse a remojo durante una media hora antes guisarla o freírla.

Agar-agar. Con este nombre se conoce un producto preparado con diferentes tipos de algas, pero sobre todo con un alga roja, la *Gelidium amansii*, que tiene la particularidad de ser muy abundante en las costas del golfo de Vizcaya, desde la Bretaña hasta Galicia. El agar-agar o agar es una sustancia mucilaginosa que normalmente se presenta en forma de tiras o pedacitos secos, en polvo, etc., de color blanco transparente que, tras disolverse en agua caliente, o durante media hora en agua fría, producen una gelatina que cuaja al enfriarse. El principio activo de este producto, la gelosa, es un gelificante dos veces superior a la gelatina normal. Se utiliza mucho en la industria alimentaria como espesante de cremas, flanes, sopas, salsas, etc. Los cocineros chinos suelen añadir filamentos de agar-agar, previamente sometidos a remojo, a las ensaladas y a muchas otras preparaciones.

En la actualidad se conocen más de 24.000 especies de algas. De ellas, sólo un reducido número (alrededor de 200) se aprovechan para la alimentación humana, con fines medicinales o bien como fertilizantes de suelos agrícolas. Estas saludables verduras marinas o de agua dulce poseen diversas sustancias de color rojo cuya tarea consiste en captar la energía lumínica y aprovecharla a través de reacciones fotoquímicas. Esta facultad las convierte en un alimento de suma importancia para el metabolismo del organismo humano. Es decir, al igual que la verdura y la fruta maduradas al sol, son ricas en energía solar.

natural•cocina natural•cocina natura

Recetario
Cocina natural

cocina natural•cocina natural•cocina n

Berenjenas a la plancha

4 personas

10 minutos

sencilla

Ingredientes

4 berenjenas

4 tomates maduros

queso (blanco, mahón, mozzarella, parmesano)

cebollino

albahaca

aceite

sal

Elaboración

Esta receta utiliza ingredientes típicos de la dieta mediterránea, como son las berenjenas, los tomates y el queso. Extraordinariamente ligera, resulta también adecuada para los regímenes vegetarianos e incluso para quienes deben seguir una dieta baja en colesterol, aunque en este último caso utilizando el queso adecuado (blanco, de Burgos) o bien prescindiendo de él. Además, es tan fácil que se encuentra al alcance de cualquiera, aunque no sea muy amante de los fogones.

Una vez bien lavadas, las berenjenas se cortan en rodajas de 1 cm de grosor aproximadamente, se salan y se dejan reposar en un plato o fuente durante 1 hora para que desprendan el jugo amargo que contienen. Luego, antes de asarlas, se secan con un paño. También se lavan y cortan en rodajas los tomates.

En el momento de asarlas, colocar una sartén al fuego con unas 4 cucharadas soperas de aceite cubriendo el fondo. Cuando el aceite esté bien caliente, sofreír las rodajas de berenjenas y tomates por ambos lados. Una vez doradas, retirarlas de la sartén y dejarlas escurrir en un plato sobre una hoja de papel absorbente.

Se sirven emparejadas, acompañadas con cebollino picado, unas hojitas de albahaca y queso como guarnición, colocando este último sobre las rodajas calientes para que funda un poco, efecto que también se consigue horneando brevemente la preparación.

Burrito mexicano

4 personas | 30 minutos | dificultad media

Ingredientes

1 pechuga de pollo

1 cebolla

2 tomates

1 pimiento verde picante

1 diente de ajo

medio mango

150 g de harina de trigo

50 g de manteca de cerdo

perejil

salsa taquera

guacamole

aceite de girasol

sal

Elaboración

Esta receta, típica de la gastronomía mexicana, sólo requiere un poco de habilidad para elaborar las tortillas o tortitas de harina. Lo demás es muy fácil. Se inicia la preparación poniendo una cazuela con 1 l de agua al fuego, e introduciendo la pechuga de pollo entera, o troceada para que se cueza más rápido, 1 tomate también troceado, el diente de ajo, media cebolla cortada a rodajas y sal. Se deja que hierva hasta que la pechuga esté cocida.

Mientras, se preparan las tortillas mezclando en una cazuela o recipiente hondo la harina con la manteca fundida, sin cesar de remover para evitar que se formen grumos, y añadiendo un poco de agua tibia hasta obtener una masa flexible. Con ella se forman bolitas del tamaño de una nuez y, con la ayuda de un rodillo, se extienden sobre una superficie lisa. A continuación se cuecen en una sartén con poco aceite, hasta que se doren por ambas caras. Se saca la pechuga del caldo y, cuando se haya enfriado un poco, se desmenuza con los dedos en tiras finas. Después, se pica también la otra media cebolla, el tomate restante y el pimiento verde picante (conocido como guindilla, ají o chile, según los países). Y se corta el medio mango a daditos.

En una sartén con aceite caliente, se sofríen las tiras de pollo hasta que estén un poco doradas. Luego, se agrega la cebolla, el pimiento verde, el tomate y la sal. Por último, se rellenan las tortillas con los ingredientes sofritos y los trocitos de mango, se enrollan y se espolvorean con perejil picado. Hay quien incorpora una parte de la salsa taquera y el guacamole al relleno de las tortitas, pero, en general, estas salsas se suelen servir aparte.

Caldo vegetal

6 personas | 75 minutos | sencilla

Ingredientes

2 patatas

2 zanahorias

1 cebolla

1 tomate

1 puerro

1 tallo de apio

2 calabacines

100 g de acelgas

1 ajo

1 hoja de laurel

perejil

albahaca fresca

sal

Elaboración

Base de numerosas sopas, cremas y guisos, el caldo vegetal o de hierbas es, asimismo, una de las preparaciones más frecuentes en las más diversas dietas. Facilísimo de preparar, no se requieren apenas conocimientos culinarios para elaborarlo. El primer paso que debe llevarse a cabo consiste en preparar bien todos los ingredientes. Así pues, hay que pelar y lavar las patatas y la cebolla, raspar y lavar las zanahorias; quitar las hojas más verdes y el troncho al puerro; limpiar el apio, eliminando los filamentos; despuntar los calabacines; mondar las acelgas; pelar y quitar las semillas al tomate, y lavar las diferentes hierbas.

Una vez bien escurridas, se cortan a trocitos las verduras, a excepción del tomate, y se colocan en una olla con 3 l de agua, agregando además las ramitas de perejil, las hojitas de albahaca fresca y la hoja de laurel. Cuando rompa a hervir, se reduce el fuego al mínimo y, sin tapar por completo la olla, se cuece lentamente durante 1 hora, aproximadamente. Se sazona con sal y, si se desea, también con pimienta a mitad de cocción.

Transcurrido ese tiempo, se separa el caldo de los ingredientes con la ayuda de un colador que no deje pasar las verduras desechas y ya está listo para servir o para utilizarse en otras preparaciones.

Coliflor y brócoli al gratén

6 personas | 30 minutos | sencilla

Ingredientes

1 coliflor

1 o 2 brócolis (según tamaño)

2 cucharadas de harina

50 g queso parmesano rallado

50 g de queso emmental rallado

50 g de harina

5 dl de leche, aproximadamente

perejil

sal

aceite de oliva o mantequilla

Elaboración

Con importantes propiedades nutritivas y antioxidantes, esta preparación es además muy sabrosa. Resulta un excelente entrante, principalmente en invierno, ya que debe servirse muy caliente, recién salida del horno. El primer paso a seguir consiste en lavar bien la coliflor y el brócoli. Y, para evitar que pueda quedar algún gusano en el interior, pueden dejarse en remojo en agua con vinagre para que los suelten.

Se calienta una olla con agua abundante y sal, para hervir juntos la coliflor y el brócoli, enteros o divididos por ramitos y cortados por la base del tallo. Cuando el hervor arranca, se reduce el fuego y se cuecen durante unos 10 minutos. Luego, se retira del fuego y se deja que la cocción prosiga en la misma agua y con la olla tapada hasta que los tallos estén tiernos. Esta medida evita que se pierdan las flores.

Aparte, se prepara la bechamel tostando la harina con el aceite (puede sustituirse por mantequilla). Luego, se agrega paulatinamente la leche, sin dejar de remover para evitar que se formen grumos, hasta conseguir una emulsión fluida. Una vez hecha, la bechamel se vierte sobre la verdura, bien escurrida y dispuesta sobre una fuente refractaria de horno. Por encima, se espolvorea con los dos tipos de queso rallados y se introduce en el horno, calentado previamente. Se gratina durante unos 5 minutos, justo antes de servir, y se espolvorea con un poco de perejil.

Crema de calabaza

6 personas | 30 minutos | sencilla

Ingredientes

600 g de calabaza

3 zanahorias

2 patatas

2 cebollas

2 cucharadas
de aceite de oliva

4 quesitos desnatados

cebollino

hojitas de menta

pan duro (opcional)

sal

pimienta negra

aceite

Elaboración

Previamente, se quita la corteza de la calabaza y se trocea su pulpa; se raspan, lavan y trocean las zanahorias; se pelan, lavan y trocean las patatas y se pelan, lavan y cortan a rodajas bastante finas las cebollas.

Mientras, se calienta agua con sal en una olla. Al arrancar el hervor, se echan los pedazos de calabaza, zanahorias y patatas y se cuecen a fuego medio. Cuando las verduras ya están cocidas, se retira el caldo de la olla, reservando un poco por si luego se precisa. En una sartén, se pone un poco de aceite y se sofríe la cebolla a fuego muy suave para que se cueza pero sin dorarse demasiado. Cuando su textura es la adecuada (blanda y algo transparente), se agrega a la olla, junto con las patatas, zanahorias y calabaza, ya cocidas. Luego se incorporan los quesitos y se salpimienta al gusto.

Con la ayuda de una batidora, se trituran los ingredientes de la olla hasta conseguir la suave textura de una crema. Y, si la mezcla resultante es demasiado espesa, se añade parte del caldo de las verduras que se ha reservado. Se prueba el grado de sal y pimienta, se rectifica si es preciso y se sirve muy caliente aderezada con unas hojitas de menta y espolvoreada con cebollino picado. Puede acompañarse también con picatostes. Para preparar este acompañamiento opcional, se corta a daditos el pan duro; se fríen en otra sartén en abundante aceite hasta que están bien dorados, se escurren sobre una hoja de papel absorbente y se reservan.

Crema de espárragos

4 personas — 60 minutos — sencilla

Ingredientes

400 g de espárragos

1 o 2 cebollas

100 g de fécula de patata

1 vaso de caldo de los espárragos

medio vaso de leche

aceite de oliva

sal

pimienta blanca

picatostes fritos (opcional)

Elaboración

En una olla con agua y sal se hierven los espárragos verdes frescos, previamente lavados, durante unos 30 minutos. Cuando estén cocidos, se escurren bien pero teniendo la precaución de recoger y reservar el caldo de la cocción. Mientras, en una cazuela con el fondo cubierto de aceite, se rehoga la cebolla, cortada a rodajas muy finas, hasta que se vuelva transparente y algo pegajosa, señal de que está cocida aunque sin llegar a dorarse. A continuación, se agregan los espárragos cocidos y troceados y también se rehogan ligeramente, pero reservando las puntas, si se desea servirlas como acompañamiento. Luego, se espolvorea con la fécula de patata y se mezcla bien todo, incorporando lentamente el caldo de los espárragos para diluirlo y sin dejar de remover para que se amalgame bien y evitar que se formen grumos.

Con la cazuela tapada y el fuego vivo, se deja que hierva otros 15 minutos. A continuación, se revuelve bien con la batidora eléctrica y se cuela para separar las hebras de los espárragos y dejar la crema muy suave. Se agrega la leche y se cuece otro poco para reducir la crema y conseguir el espesor deseado. Se prueba, se rectifica de sal y pimienta si es necesario, y se sirve acompañado de puntas de espárragos o de picatostes fritos, si así se desea.

Crema de espinacas

4 personas — 30 minutos — sencilla

Ingredientes

500 g de espinacas

1 cebolla

2 dientes de ajo

50 g de margarina o
3 cucharadas de aceite

media taza de harina

media taza de leche

queso cremoso,
tipo filadelfia

sal

pimienta

Elaboración

Previamente, deben lavarse bien las espinacas, procurando que suelten por completo la tierra que con frecuencia las acompaña, y escurrirlas. Mientras, se calienta agua con sal en una olla o recipiente hondo. Cuando arranca el hervor, se echan las espinacas y se deja que hiervan durante 1 minuto. A continuación, se retiran del fuego, se escurren ligeramente, se trituran con la batidora y se reservan. Debe reservarse además el caldo de la cocción para agregarlo más tarde.

Aparte, se coloca una cazuela al fuego con el fondo cubierto de margarina derretida o aceite, si se prefiere, y se dora la cebolla cortada a rodajas muy finas, que se retira para saltear los ajos en la misma grasa. Se reincorpora la cebolla y se agrega primero la harina y luego la leche, lentamente y removiendo sin cesar para evitar que se formen grumos. Cuando la mezcla ha tomado una textura más diluida, se incorpora el puré de espinacas y el caldo de hervirlas. Se prosigue luego la cocción para que la crema reduzca, pero sin dejar de remover. En el momento en que la textura es la propia de una crema, se rectifica de sal y pimienta, se retira del fuego y se agrega el queso cremoso, batiendo con fuerza para que se mezcle bien.

Crema de lechuga con patatas

4 personas — 30 minutos — sencilla

Ingredientes

1 lechuga

40 g de mantequilla

5 dl de leche

2 patatas medianas

cebollino

hojitas de menta

sal

Elaboración

Tan poco habitual como deliciosa y al alcance de cualquiera, esta crema puede servirse en todas las épocas del año, pues resulta igual de apetitosa caliente que fría. Y, además, es una preparación muy económica y fácil de llevar a cabo. Sólo hay que procurar seguir los pasos que a continuación se indican para tratar de subrayar los sabores de los ingredientes que la integran. Sobra decir que su calidad depende de las variedades de lechuga y patatas que se empleen.

En primer lugar, se hierven en un cazo con agua salada las patatas sin pelar para conservar mejor su sabor. Cuando ya están listas (a veces, la piel se abre un poco), se escurren y se reservan. De modo paralelo, se coloca otro cazo al fuego provisto del recipiente específico que permite hervir al vapor y en él se cuecen las hojas de lechuga, previamente bien lavadas y escurridas. Cuando las hojas de lechuga están cocidas, se colocan en una cazuela, donde se ha derretido la mantequilla, junto con las patatas peladas. Se calienta todo mientras se agrega lentamente la leche caliente (previamente se ha calentado), y de forma simultánea se bate con una batidora eléctrica hasta lograr una crema suave. Se sazona con sal al gusto y se sirve decorada con hojas de cebollino y unas hojitas de menta.

Creps con fresas y queso fresco

4 personas | 30 minutos | dificultad media

Ingredientes

250 g de fresas

5 dl de leche

250 g de harina

50 g de mantequilla

4 huevos

1 terrina de queso fresco

virutas de chocolate

azúcar

sal

Elaboración

La crep es una exquisita tortita, típica de Bretaña, una región francesa, que puede rellenarse con diferentes ingredientes dulces o salados o bien servirse sola, acompañada de alguna salsa o licor que le preste sabor. La cantidad de sal o azúcar varía en función de si el relleno es salado o dulce. Para elaborar la masa de las creps, se baten en un cuenco la harina, los huevos, la mantequilla derretida, la leche, la sal y el azúcar hasta conseguir una crema fina y homogénea, que se deja en reposo durante al menos 2 horas en el frigorífico. La mezcla puede hacerse con las varillas o con la batidora eléctrica, lo importante es que no queden grumos.

Cuando la masa esté espesa y a punto para cuajar, se vierten unas cucharadas (o medio cucharón) de la misma, extendiéndola y dorándola por ambos lados en una sartén antiadherente untada con unas gotitas de aceite. Una vez cocida cada crep, se retira y se coloca en un plato, donde se apilarán las restantes creps. La operación se repite hasta que se termine toda la masa. Cabe señalar que la primera crep suele desecharse pero es muy útil para engrasar la sartén. Luego, se rellenan las creps con el queso y se acompañan con las fresas y las virutas de chocolate cortados ambos en pequeños pedazos.

Cuscús dulce

4 personas | 30 minutos | sencilla

Ingredientes

100 g de cuscús

35 g de uvas pasas

4 orejones (albaricoques secos)

2 plátanos

25 g de azúcar

125 ml de leche

1 rama de canela

canela en polvo

Elaboración

Se trata de un postre muy sencillo de elaborar que utiliza ingredientes tan sanos y nutritivos como los frutos secos. Es asimismo fácil de ejecutar para un importante número de comensales. Sólo es preciso multiplicar de forma adecuada los diferentes ingredientes para conseguir que el resultado sea el deseado.

Para elaborarlo, previamente las pasas y los orejones deben ponerse en remojo durante unas 4 horas, como mínimo. Transcurrido ese tiempo, se escurre bien la fruta remojada y se pican finamente los orejones. También se pelan y trocean en pequeños daditos los plátanos y se reserva toda la fruta en un lugar fresco.

Aparte, se coloca el cuscús en un cuenco grande. Paralelamente, se echa la leche, el azúcar y la canela en un cazo y se calienta. Cuando arranca el hervor, se retira la rama de canela (ya ha cumplido la misión de aromatizar) y se vierte la leche sobre el cuenco con cuscús. Se mezcla bien y se tapa para facilitar que absorba todo el líquido.

Cuando el cuscús está cocido con la leche vertida sobre él, se agrega la canela en polvo, las uvas pasas y los plátanos troceados y los orejones triturados. Se mezcla todo bien y ya está listo para servir en un gran cuenco o en recipientes individuales.

Dim sum

4 personas

40 minutos

sencilla

Ingredientes

200 g de harina de trigo

agua

aceite

Para el relleno

100 g de carne de cerdo picada

1 puerro

4 cucharaditas de maicena

1 cucharadita de ajinomoto

azúcar

1 cucharadita de salsa de soja

aceite de sésamo

jengibre picado fino

sal

pimienta

Para la salsa

1 taza de vinagre chino

ajo al gusto

jengibre picado fino

Elaboración

El *dim sum* es una especialidad muy ligera de la cocina china que consiste en una especie de empanadillas o bollos rellenos, hechos al vapor o fritos con wok. Para elaborar la masa, se mezcla en un cuenco la harina con un vasito (120 ml) de agua tibia hasta que se forme una masa, que se deja en reposo durante media hora. Transcurrido ese tiempo, se corta en pequeños bollos que se estiran para formar una figura circular, como si se tratara de una tortilla, y se reserva para rellenarla más tarde.

Mientras, se prepara el relleno, mezclando en un cuenco la carne picada, el puerro muy fino, la maicena, el ajinomoto, el azúcar, la salsa de soja, el aceite de sésamo, el jengibre picado, un poco de sal y una pizca de pimienta. Se remueve todo muy bien varias veces para que se amalgamen los diferentes ingredientes y formen una pasta uniforme.

También se prepara la salsa mezclando el vinagre con ajo triturado muy fino y el jengibre también finamente picado. A continuación, se coloca en el centro de cada círculo de masa una cucharada de pasta de relleno. Se dobla el círculo en forma de empanada y se cierra presionando los bordes para evitar que el relleno se salga al cocinarlo. El proceso de cocción se efectúa colocando las empanadillas en un wok con un poco de aceite en el fondo. Cuando se han dorado, se agrega una taza de agua, se tapa el wok y se cuece durante 10 minutos más. Transcurrido ese tiempo, las empanadillas se sirven aderezadas con la salsa.

Empanadillas de calabaza

6 personas | 30 minutos | dificultad media

Ingredientes

2 kg de calabaza

bolas de pasta de pan (de 20 g)

200 g de uvas pasas

5 dientes de ajo

2 vasitos de aceite

perejil

azúcar

sal

pimienta

Elaboración

Para elaborar esta sabrosa y nutritiva receta, la noche anterior hay que tener la precaución de cortar la pulpa de la calabaza a tiras y colocarla en un colador para que, a lo largo de las horas, suelte poco a poco el agua. Al día siguiente, se exprimen bien con las manos las tiras de calabaza para escurrirlas y deshidratarlas todavía más. Luego, se enharina la mesa de la cocina o una superficie lisa y, con la ayuda de un rodillo, se extiende individualmente cada bola de pasta de pan hasta conseguir porciones de masa muy delgada y redonda.

En el centro de cada una de ellas se coloca un puñadito de la pulpa de calabaza deshidratada, añadiendo además algunas uvas pasas, ajo y perejil picados, sal, pimienta y un poco de azúcar, si la calabaza no es muy dulce. Se rocía todo con un poco de aceite y se dobla la masa por la mitad en forma de media luna. Para cerrarla, se aprietan los bordes con la ayuda de un tenedor y se forma una especie de cordón muy decorativo.

Se colocan las empanadillas en una fuente refractaria untada con un poco de aceite y, cuando falta algo más de media hora para servirlas, se introducen en el horno, previamente calentado a temperatura suave. Se dejan cocer durante una media hora y se sirven calientes recién sacadas del horno.

Ensalada de algas con sésamo

4 personas — 10 minutos — sencilla

Ingredientes

400 g de algas (wakame, dulse, lechuga de mar o de otro tipo)

100 g de semillas de sésamo

germinados de soja, alfalfa, etc. (opcional)

Para la salsa

1 cucharadita de jugo fresco de jengibre

1 cucharada de salsa de soja

1 cucharada de zumo de manzana concentrado

1 cucharadita de aceite de oliva o de sésamo

Elaboración

El alga dulse, de atractivo color púrpura, es quizá la más indicada para la ensalada de algas ya que su sabor es muy suave. Sin embargo, suele utilizarse con mayor frecuencia la wakame (verde) o la lechuga de mar (verde claro) por encontrarse más fácilmente en nuestros comercios. Esta última crece espontánea en los mares Mediterráneo y Cantábrico, mientras que la wakame se cultiva en toda Europa. Todas ellas son muy nutritivas y resultan indicadas en numerosos regímenes. La lechuga de mar, por ejemplo, contiene más vitamina C que el limón, así como un alto porcentaje de yodo y vitaminas B_{12}, A y E.

Para elaborar esta ensalada, lo primero que debe hacerse es poner en remojo las algas durante unos 3 o 4 minutos. Luego, se escurren bien, se cortan en trozos más pequeños, se colocan en una ensaladera o fuente de servir y se mezclan con las semillas de sésamo. Por último, se aliña con la salsa de jengibre resultante de mezclar los ingredientes que la componen: jugo de jengibre obtenido de escurrir el jengibre rallado, salsa de soja, zumo de manzana concentrado y aceite de oliva o de sésamo. Para incrementar, si cabe, la cantidad de nutrientes que proporciona esta ensalada de algas puede agregarse también algún germinado (soja, alfalfa, etc.), pero también otros ingredientes al gusto.

Ensalada fría de macarrones

4 personas

20 minutos

sencilla

Ingredientes

250 g de macarrones

500 g de judías verdes redondas

1 lata de atún en aceite

perejil

sal

aceite de oliva

Elaboración

Los macarrones, al igual que el resto de la pasta, se elaboran con agua y harina de trigo duro (con el aditamento de huevos en algunas versiones). Como derivados de los cereales, se trata de alimentos muy energéticos debido a su elevado contenido en almidón (75 %), un polisacárido. Además son ricos en proteínas vegetales, mientras que su proporción de grasas es inferior al 1 %, lo que los convierte en un alimento ideal para los regímenes que las reducen.

Para elaborar esta receta deben ponerse dos ollas con agua y sal al fuego. Cuando arranque el hervor en una de ellas, se incorporan los macarrones y se cuecen hasta conseguir que su textura esté al dente (algo crujientes pero tiernos). En la segunda olla, se hierven las judías hasta que también estén hechas, tras unos 15 minutos de cocción. Luego, se escurren y se dejan enfriar por separado los macarrones y las judías. Cuando ya están fríos, se mezclan en un cuenco o fuente de servir ambos ingredientes, incorporando también el atún y el perejil, previamente lavado y picado muy fino. En el momento de servirlo, se rocía con un chorrito de aceite de oliva y se espolvorea con una pizca de sal, si su sabor lo precisa.

Galletas de pasas y miel

4 personas

30 minutos

sencilla

Ingredientes

500 g de harina

250 g de azúcar en polvo

250 g de mantequilla

100 g de miel

2 huevos

uvas pasas (sultanas o de Corinto)

especias al gusto

Elaboración

Estas galletas son muy fáciles de elaborar y gustan tanto a mayores como a chicos. En primer lugar hay que amasar la mantequilla con la miel trabajándola bien hasta que ambas formen una misma pasta.

A continuación, se divide la harina en dos mitades. En una de ellas, colocada en montón, como si se tratara de un volcán, se introduce un huevo bien batido en el centro, junto con la pasta formada por la mezcla de mantequilla y miel, 100 g de azúcar, las pasas y las especias al gusto (canela, vainilla, comino, clavo, cilantro, anís, e incluso pimienta).

Se amasa de nuevo, mezclándolo todo muy bien y añadiendo el resto de la harina hasta conseguir una masa uniforme. Una vez adquiera la textura adecuada, se extiende sobre una superficie lisa con la ayuda de un rodillo. Con un molde, redondo o de cualquier otra forma, se cortan las galletitas y se colocan en una bandeja de horno, previamente untada con mantequilla.

Se bate luego una clara de huevo y se mezcla con el resto del azúcar. Con un pincel se untan por encima las galletas colocadas sobre la bandeja con esta especie de almíbar y se introducen las galletas en el horno, previamente calentado a 180 °C. Se cuecen durante 20 minutos, se sacan del horno, se dejan enfriar y ya están listas para servir.

Guacamole

4 personas | 10 minutos | sencilla

Ingredientes

2 aguacates

200 g de tomate

1 cebolla pequeña

3 guindillas

cilantro fresco

sal

pimienta

azúcar

Elaboración

Muy fácil y rápido de elaborar, el guacamole es una receta típica de la cocina mexicana, cuya intensidad de sabor suele ser fuerte, pero puede variar en función de las guindillas que se incorporen. Para prepararlo, primero se lavan y se secan los aguacates, que deben ser maduros, los tomates, también maduros, y las guindillas. Luego, se abren por la mitad los aguacates, se les quita la semilla y se extrae la pulpa con una cuchara, se trocea y se coloca en un recipiente. A continuación, se incorpora el resto de los ingredientes (las cebollas, peladas y picadas, los tomates, pelados, sin semillas y triturados, las guindillas, también picadas muy finas, un pellizco de cilantro fresco triturado, un pellizco de sal y otro de pimienta). Sólo el azúcar se deja para después.

Cuando están todos los ingredientes en el recipiente, se remueve cuidadosamente hasta obtener una crema homogénea, se rectifica de sal y pimienta y se agrega un pellizco de azúcar si el sabor es algo ácido. Puesto que el aguacate se oxida con mucha rapidez al entrar en contacto con el aire, se recomienda consumir lo antes posible esta preparación. Una buena opción consiste en rociarla con unas gotas de zumo de limón y evitar de este modo que ennegrezca.

Guiso de verduras

4 personas   2 horas   sencilla

Ingredientes

200 g de patatas nuevas pequeñas

150 g de cebollas pequeñas

200 g de guisantes

200 g de zanahorias

200 g de tomates rojos maduros

200 g de alubias

150 g de judías verdes

100 g de jamón magro

4 alcachofas

2 dientes de ajo

1 penca de apio

1 pimiento rojo

1 vaso pequeño de jerez

albahaca

1 atadillo de hierbas aromáticas

caldo de pollo

zumo de limón

sal

pimienta

aceite

Elaboración

Para elaborar esta receta, previamente deben prepararse los muchos ingredientes que la componen y que contribuyen a su variedad y riqueza nutritiva. Así, hay que pelar y lavar todas las verduras. Y, la noche anterior, poner en remojo las alubias en agua blanda o descalcificada.

Se empieza dando un hervor a las alcachofas en agua con sal y un chorrito de limón, desprovistas de las hojas duras y partidas en cuatro trozos. Luego, se escurren y se reservan. Mientras, en una cazuela con aceite en el fondo, se sofríen los ajos pelados y, cuando se han dorado, se retiran y se reservan. A continuación, en el mismo aceite, se rehoga el jamón cortado en pequeños trocitos, las alcachofas, las cebollas picadas, las zanahorias cortadas a rodajitas y el pimiento troceado. Se agregan los tomates, troceados, sin piel ni semillas, y el atadillo de hierbas.

Cuando el jugo que sueltan los tomates se ha reducido, se incorpora el jerez y se cuece otros 5 minutos con la cazuela tapada. Luego, se agregan las patatas, enteras, los guisantes, el apio troceado, las alubias y las judías verdes. Se cubre todo con el caldo de pollo, se sazona con sal y pimienta y se cuece a fuego suave hasta que adquiere la textura adecuada, pero conservando todavía algo de caldo. Antes de servirse bien caliente, se retira el atadillo de hierbas.

Lentejas estofadas

4 personas | 60 minutos | dificultad media

Ingredientes

300 g de lentejas

1 cebolla

1 diente de ajo

1 zanahoria

1 puerro

1 pimiento verde

medio pimiento rojo

1 penca de apio

1 morcilla

1 chorizo

panceta

pimentón dulce

4 cucharadas de aceite de oliva

sal

Elaboración

La noche anterior, deben ponerse en remojo las lentejas para rehidratarlas, previamente lavadas para desechar cualquier impureza, como por ejemplo alguna piedrecilla. La única variedad de lentejas que no necesitan remojo previo es la pardina, por su pequeño tamaño. Al día siguiente, antes de elaborar esta preparación, se escurren bien y se reservan.

En una olla, se colocan las lentejas, la cebolla, la zanahoria, el puerro y el apio troceados, el pimiento verde entero, el medio pimiento rojo, el chorizo cortado en rodajas gruesas, la panceta en lonchas y la morcilla entera. Se cubren todos los ingredientes con agua, se condimenta con sal, se tapa la olla y se calienta a fuego vivo hasta que arranca el hervor. En ese momento se reduce el fuego al mínimo y se cuece durante 1 hora, teniendo la precaución de retirar la morcilla a mitad de cocción y reservarla.

Poco antes de servir este guiso, se sofríe el diente de ajo en una sartén con un poquito de aceite. Cuando está dorado, se agrega una cucharadita de pimentón dulce y, sin dejar de remover para que no se queme, se cuece hasta que cambia de color (se vuelve más oscuro). Luego se vierte todo sobre las lentejas. Una vez se han retirado los pimientos y se ha agregado de nuevo la morcilla, convenientemente troceada, se sirve.

Merluza en salsa verde

4 personas | 15 minutos | dificultad media

Ingredientes

8 rodajas de merluza

500 g de almejas

250 ml de caldo de pescado

4 cucharadas de vino blanco

8 dientes de ajo

6 cucharadas de perejil picado

2 cucharadas de harina

8 cucharadas de aceite de oliva

1 manojo de espárragos trigueros (opcional)

sal

Elaboración

Previamente, deben lavarse las almejas y dejarlas en remojo en agua templada con sal durante 1 hora aproximadamente para que suelten la arena y demás impurezas que puedan contener. Asimismo, hay que lavar y escurrir las rodajas de merluza, salándolas luego por ambos lados. También se pelan y pican muy finos los dientes de ajo. En una cazuela grande (lo suficiente para que quepan las ocho rodajas de merluza y las almejas), se vierte el aceite y se calienta antes de introducir los ajos picados y sofreírlos, sin dejar de remover para evitar que se quemen. Una vez están dorados, se agregan las cucharadas de harina y se prosigue la cocción medio minuto más, sin dejar de remover.

Luego, se incorporan el vino y el caldo de pescado ya caliente, junto con una pizca de sal. Cuando arranca a hervir, se agregan el perejil picado y las rodajas de merluza y se cuece durante 6 minutos, tres por cada lado de las rodajas, sin dejar de menear la cazuela suavemente para facilitar que la salsa ligue. A mitad de esta cocción (3 minutos), cuando se les da la vuelta a las rodajas, se incorporan las almejas y, a medida que se abren, deben retirarse de la cazuela, a la que se reincorporan justo antes de servirse la preparación, que suele acompañarse también con espárragos trigueros hervidos o asados a la plancha.

Papas arrugás con mojo picón

4 personas | 30 minutos | sencilla

Ingredientes

1 kg de patatas pequeñas

500 g de sal gorda

Para la salsa

500 g de tomates

3 dientes de ajo

1 tacita de aceite de oliva

1 tacita de vinagre

1 guindilla o pimiento rojo choricero

comino

sal

pimienta

Elaboración

Esta receta, típica de las islas Canarias, permite utilizar todo tipo de patatas, siempre que sean de tamaño pequeño, aunque las más indicadas son las negras, que sólo se encuentran en ese territorio. Antiguamente, cuando el agua dulce escaseaba en esas islas, se hervían con agua de mar, cuyo contenido en sal es el idóneo para elaborar esta preparación. Una vez bien lavadas, las patatas, con piel, se ponen en una cazuela y se cubren por completo con agua fría. Se agrega la sal gorda, se tapa la cazuela y se cuecen a fuego vivo durante unos 10 o 15 minutos (el tiempo varía en función del tamaño y variedad de la patata). Cuando se han cocido, se escurren y se colocan de nuevo en el mismo recipiente, que se mantiene tapado y a fuego suave. Transcurridos unos 10 minutos en los que se ha meneado constantemente la cazuela para que las patatas no se quemen, ya estarán listas. Es decir, deshidratadas y, por lo tanto, secas, arrugadas y cubiertas de blanco por la sal.

Mientras, se prepara la salsa de mojo picón, poniendo los ingredientes que la componen en un cuenco o recipiente hondo (los tomates pelados y sin semillas y los ajos pelados). Se trituran con la batidora eléctrica hasta conseguir una mezcla suave y homogénea y se sazona con sal y pimienta al gusto.

Pizza de alcachofas

4 personas | 20 minutos | sencilla

Ingredientes

500 g de masa de pan

3 cucharadas
de aceite de oliva

3 alcachofas

1 cebolla

200 g de mozzarella

100 g de queso
parmesano rallado

5 tomates

medio pimiento rojo

salsa de tomate

1 cucharada de aceite
de guindillas

Elaboración

Mientras se calienta el horno a 300 °C de temperatura, gratinador incluido, deben prepararse todos los ingredientes.

Primero, se limpian las alcachofas, desechando las hojas duras y dejando únicamente las tiernas. Luego, con un cuchillo bien afilado se cortan en rodajas muy finas y se introducen en una blanqueta (agua con harina) para evitar que ennegrezcan y se pongan feas. También se pela y corta en finas rodajas la cebolla; se lava y corta a trocitos el pimiento rojo y se lavan, pelan y trocean los tomates, a los que se habrá quitado las semillas.

Sobre una superficie lisa y con la ayuda de un rodillo, se estira la masa de pan hasta lograr que adopte una forma circular muy delgada. Una vez estirada, la masa de pan se coloca sobre un papel de aluminio y luego sobre una bandeja del horno. Y, sobre ella, se extienden aceite de oliva y queso parmesano rallado. Luego, se colocan las rodajas de cebolla, los trocitos de pimiento y el tomate troceado. Por último, se incorporan las rodajas de alcachofa, trozos de mozzarella, el resto del queso parmesano y un buen chorrito de aceite de guindillas. A continuación, se introduce en el horno, donde se cuece durante unos 12 minutos. Una vez hecha se sirve, rociándola previamente con un poco de aceite.

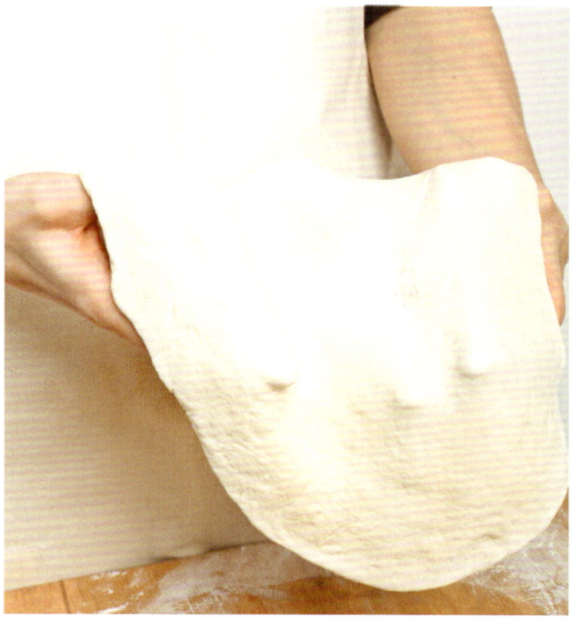

Plato caliente vegetal

4 personas | 60 minutos | sencilla

Ingredientes

media col rizada

3 zanahorias

2 puerros

1 colinabo

2 patatas

1 diente de ajo

1 tallo de apio blanco

1 cucharada de comino

medio vasito de aceite

2 l de agua

1 cucharadita de pimentón dulce

sal

pimienta negra

Elaboración

Antes de iniciar la cocción se lava la col y se escurre. Luego se le quitan el tronco y las nervaduras gruesas y se corta con un rallador o un cuchillo de hoja bien afilada en tiras finas, parecidas al tipo juliana. A continuación, se raspan las zanahorias, se lavan y se cortan en láminas muy finas. Asimismo, los puerros y el apio se pican por separado, mientras que las patatas y el colinabo se pelan y se cortan a daditos muy pequeños.

Luego, se coloca una olla al fuego con un chorrito de aceite y se sofríe el diente de ajo entero con piel hasta que se dore pero sin quemarlo. Se retira y, en el mismo aceite, se sofríe el puerro picado, a fuego suave y removiendo para que no se queme pero se ablande. Cuando está cocido, se agregan las verduras troceadas y se saltean durante 2 minutos. Se cubre entonces con los 2 l de agua y se agrega el comino, al gusto. Se tapa la olla y, cuando arranca el hervor, se reduce el fuego y se cuece durante 15 minutos, aproximadamente.

En una sartén con un poco de aceite se sofríe unos minutos el tallo de apio picado. Luego se agrega el pimentón, se cuece un poco más y se echa el sofrito al caldo, junto con los daditos de patata y colinabo. Se sazona con sal y pimienta y se cuece sin tapar para que reduzca el caldo a la mitad durante 30 minutos aproximadamente. Este plato se sirve muy caliente.

Pollo con miel

4 personas

30 minutos

sencilla

Ingredientes

4 muslitos de pollo

4 cucharadas de salsa de soja

1 cucharada de ketchup

media taza de miel

1 cucharada de aceite de oliva

2 cucharadas de vinagre

sal

ajo en polvo

mostaza en grano

Elaboración

Esta receta, de coste poco elevado y muy fácil de preparar, combina el sabor salado del pollo con el dulzor de la miel. Su jugoso y sabroso resultado satisface tanto a grandes como a chicos. Previamente hay que limpiar bien los muslitos de pollo, pasándolos por la llama del fuego para chamuscar los restos de las plumas y de la piel (amarilla) de las patas. Luego, se lavan, se escurren, se salan, se espolvorean con el ajo en polvo y se reservan.

Mientras se calienta el horno, se prepara la salsa mezclando en un cuenco con la ayuda de la batidora eléctrica los restantes ingredientes (salsas de soja y ketchup, miel, mostaza, aceite y vinagre) y se reserva. Cuando el horno ha alcanzado los 180 °C de temperatura, se colocan los muslitos ya sazonados en una fuente de servir refractaria que resista la temperatura del horno y sobre ellos se vierte la salsa preparada con anterioridad. Se introduce la bandeja en el horno y se cuecen.

El único inconveniente, si así puede definirse, de esta preparación es que deben vigilarse atentamente los muslitos cuando están en el horno, ya que pueden quemarse con facilidad debido a la miel que lleva la salsa. Para evitarlo hay que darles vueltas de manera constante.

Puré a la madrileña

4 personas | 2 horas y 20 minutos | sencilla

Ingredientes

500 g de garbanzos

50 g de panceta

50 g de manteca de cerdo

3 rebanadas de pan seco

1 zanahoria

3 patatas

1 cebolla

0,5 dl de aceite

2,5 l de agua (sin cal)

1 cucharada de jugo de carne

perejil

sal

Elaboración

La noche anterior a la elaboración de esta receta, deben ponerse en remojo los garbanzos en un recipiente hondo y con agua abundante, a ser posible muy blanda o descalcificada, para rehidratarlos. Cuando llega el momento de la preparación, hay diversas tareas que deben realizarse previamente. Así, hay que escurrir los garbanzos; trocear la panceta; cortar el pan en pequeños daditos; pelar y picar la cebolla; pelar y trocear las patatas y raspar y partir la zanahoria por la mitad.

Mientras, en una cazuela, se derrite la manteca. Una vez derretida, se le agrega una cucharada de aceite y, cuando esta grasa está caliente, se sofríen en ella los trozos de panceta y la cebolla picada. Una vez doradas, se incorporan el agua, la zanahoria, las patatas y los garbanzos. Se sazona con sal y se cuece durante unas 2 horas a fuego muy suave. Aparte, se calienta el resto del aceite en una sartén y se sofríen los dados de pan.

Cuando los ingredientes de la cazuela se han cocido, se trituran con el pasapurés, se mezclan bien con el jugo de carne y se colocan en una fuente de servir, y se espolvorean con perejil picado. Este plato es muy apropiado para los días fríos de invierno, ya que se sirve muy caliente; también lo es para los más pequeños y los más mayores de la casa, pues aporta una importante cantidad de nutrientes al organismo.

Raviolis chinos al vapor

4 personas

30 minutos

dificultad media

Ingredientes

200 g de pasta de lasaña fresca (o bien 20 láminas de pasta wonton)

150 g de carne de cerdo picada

150 g de col blanca

150 g de zanahoria

1 cebolla

200 ml de caldo (vegetal o de ave)

100 ml de salsa de soja

1 cucharadita de 5 especias chinas (opcional)

pimentón picante o dulce

sal

pimienta

Elaboración

Los raviolis son una comida tradicional china cuya antigüedad se remonta a más de dos mil años, cuando en ese país reinaba la dinastía Han. Desde entonces los chinos han preparado raviolis para celebrar los acontecimientos familiares y festivos. Para elaborar esta receta, previamente deben prepararse los vegetales que formarán el relleno de los raviolis. Así pues, hay que pelar las zanahorias y la cebolla y cortarlas en pedacitos muy pequeños, tipo daditos. Luego, se lava y se pica la col también muy menuda.

En una sartén amplia, con aceite en el fondo, se sofríen los vegetales antes preparados (zanahorias, cebolla y col). Cuando han transcurrido unos 6 o 7 minutos, se agrega la carne de cerdo picada, se sazona con sal y pimienta, se espolvorea con las especias y se prosigue la cocción durante otros 5 minutos sin dejar de remover.

Como envoltorio de los raviolis, es preferible utilizar las láminas de pasta wonton, pero es un producto más difícil de encontrar que la pasta de lasaña. En este último caso, se cortan las láminas en pedazos cuadrados de 8 o 9 cm por lado. Se coloca, luego, una cucharadita del sofrito en el centro de cada cuadrado y se cierra presionando con los dedos las cuatro puntas unidas y previamente humedecidas. O, si se prefiere, se forman paquetitos.

Mientras, se coloca sobre el fuego una olla con agua y un recipiente para cocer al vapor. Cuando arranca el hervor, se disponen los raviolis en el interior del recipiente y se cuecen al vapor entre 10 y 15 minutos. Cuando están listos, se sirven, calientes, acompañados con salsa de soja.

Roll-mops

4 personas — 15 minutos — sencilla

Ingredientes

4 filetes de arenques encurtidos

2 manzanas (1 roja y 1 amarilla)

1 cebolla

1 pimiento verde

2 limones

3 pepinillos en vinagre

Elaboración

Esta receta, típica de la gastronomía alemana y nórdica, suele servirse como aperitivo acompañada de una cerveza. Su elaboración resulta muy fácil y rápida. Sólo se precisa disponer de los ingredientes adecuados, pues se elabora todo en frío, sin que intervenga cocción alguna. Para prepararla se necesitan filetes de arenques encurtidos o marinados en vinagre (caso de que sean frescos o congelados), que deben escurrirse bien al comenzar la preparación. También se lava y seca cuidadosamente el pimiento, que luego se corta en pequeños pedacitos cuadrados. Y se pela la cebolla, que asimismo se corta menudita.

Luego, se pelan y cortan a daditos menudos las manzanas, rociándolos con zumo de limón para evitar que se oxiden y ennegrezcan. Y, por último, se escurren bien los pepinillos y se cortan en rodajitas o tiras finas. Cuando los diferentes ingredientes están preparados, se mezclan bien y se rocían con zumo de limón. Esta mezcla se coloca sobre los arenques extendidos con la parte de la piel hacia abajo. Luego, se enrollan, se fija el curioso envoltorio con un palillo y se disponen sobre una fuente de servir. El relleno puede variarse al gusto de quien lo prepare, aunque nunca deben faltar los pepinillos ni, por supuesto, los arenques.

Rollitos de judías verdes con jamón

4 personas · 20 minutos · sencilla

Ingredientes

400 g de judías verdes frescas o congeladas

4 lonchas finas de jamón serrano

1 diente de ajo

aceite de oliva

sal

Elaboración

Basada en la tradicional y clásica receta de judías salteadas con panceta, esta preparación tiene la particularidad de ser igualmente sabrosa, pero algo más decorativa y moderna. Si las judías verdes que se utilizan para elaborarla son frescas, hay que quitarles los rabos y lavarlas previamente (a veces, deben quitarse los hilos que tienen a ambos lados y cortarlas a tiras largas, si son muy anchas). Luego, se hierven ligeramente en un cazo con agua salada. Pero, si se trata de judías verdes congeladas, este primer paso puede ahorrarse.

A continuación, se calienta un poco de aceite en una sartén para rehogar el diente de ajo. Cuando éste se ha dorado, se retira y, en el mismo aceite, se incorporan las judías frescas y hervidas (o directamente, si son congeladas), se sazonan con sal, se saltean hasta que estén bien cocidas y se reservan.

Mientras, se fríen las lonchas de jamón en otra sartén. Cuando la grasa de las lonchas se ha vuelto algo transparente y el magro se ha dorado un poco, se retiran y se escurren. Luego, se abren, se coloca un puñado (aproximadamente 100 g) de judías verdes cocidas y se envuelven formando rollitos que se sujetan con palillos. Justo antes de servirlos, los rollitos se colocan de nuevo en la sartén para cocerlos durante 1 minuto. Se sirven calientes. También, hay quien prefiere el jamón crudo, y entonces se trata de un entrante frío, idóneo para los meses estivales.

Rollitos de primavera

4 personas | 60 minutos | laboriosa

Ingredientes

250 g de harina

125 g de carne de cerdo picada

125 g de carne de ternera picada

250 g de col blanca

250 g de gérmenes de bambú en lata

100 g de champiñones o 10 g de setas chinas

200 g de brotes de soja

1 huevo

1 puerro

1 cebolla

4 cucharadas de salsa de soja

2 cucharadas de vino de arroz o jerez

sal

pimienta de Cayena

aceite de cacahuete

Elaboración

El primer paso a realizar consiste en elaborar la pasta. Para ello, se echa la harina en un cuenco y se agrega sal, una cucharada y media de aceite de cacahuete, 1 yema de huevo y 1 vaso de agua, lentamente y sin dejar de remover, hasta conseguir que la mezcla sea homogénea. Se tapa entonces el cuenco y se deja en reposo unos 30 minutos. Mientras, se prepara el relleno. Para ello, primero, se lavan y cortan en finas tiras la col y el puerro y se pela y tritura la cebolla. Luego, se escurren los brotes de soja y los gérmenes de bambú. Estos últimos se cortan también en tiras finas, mientras que los champiñones o setas chinas se parten en pequeños pedazos.

En una cazuela con aceite se sofríen los dos tipos de carne picada durante 2 minutos, sin dejar de remover. A continuación, se agregan la col y el puerro, la cebolla y los gérmenes de bambú. Se rehoga todo otros 5 minutos a fuego suave y se incorporan los champiñones o las setas y los brotes de soja. Se cuece durante 3 minutos más, se vierte la salsa de soja, el vino de arroz o el jerez, se sazona con sal y pimienta y se reserva.

Se divide luego la masa de harina en ocho porciones, que se extienden y se cuecen a fuego suave en una sartén con aceite de cacahuete. Cuando han cuajado, se cubren individualmente por ambos lados con un paño húmedo. Luego, se coloca el relleno sobre estas porciones cuajadas, se enrollan y se fríen en la freidora o en una sartén con aceite abundante. Una vez doradas, se sacan y se colocan sobre papel absorbente para que escurran el aceite antes de servirse calientes.

Rollitos de salmón al eneldo

4 personas | 15 minutos | sencilla

Ingredientes

8 lonchas de salmón marinado

1 puñado de eneldo fresco

20 alcaparras

3 pepinillos

medio limón

1 yogur

sal

pimienta

Elaboración

Con esta receta se consigue una preparación exquisita como aperitivo, aunque también puede servirse como entrante. La única diferencia radica en las cantidades. En un mortero hay que majar previamente las alcaparras y los pepinillos y luego incorporar el yogur, mezclándolo todo muy bien hasta que se forme una pasta homogénea. Una vez lograda esta mezcla, se agrega el zumo de medio limón, sal y pimienta, al gusto.

Siguiendo con la preparación de este aperitivo, se abren y extienden las lonchas de salmón sobre una fuente de servir y, sobre ellas, se deposita la pasta previamente preparada. A continuación, se enrollan las lonchas de salmón con la pasta en el interior y se colocan sobre otra fuente de servir limpia. Se espolvorean con eneldo y ya está listo para servir, acompañado con unas hojitas de perejil y eneldo y unas tostaditas de pan.

Este relleno puede sustituirse por otras fórmulas que incluyan huevos duros, espárragos trigueros, cebolletas, quesos cremosos, nueces, etc. Y también resulta excelente si se utiliza salmón ahumado en vez de marinado. Lo que no debe faltar nunca es el eneldo, una hierba aromática que casa de forma soberbia con el salmón, sea cual sea su preparación.

Salmón con espárragos verdes

4 personas | 10 minutos | sencilla

Ingredientes

600 g de salmón en 1 o 2 trozos

1 manojo de espárragos verdes frescos

1 limón

cilantro

perejil

sal

pimienta

aceite de oliva

Elaboración

Previamente, se limpian los lomos de salmón, retirando la piel y la capa de grasa que hay bajo la misma, si en la pescadería no lo han hecho. Luego, se lavan, se escurren bien, se salpimientan y se reservan. Asimismo, se lavan los espárragos para que suelten la posible tierra y otras impurezas que lleven. Si es preciso, se corta la parte más dura (el extremo opuesto a la punta). En una sartén o plancha caliente, con una gota de aceite y fuego medio o medio-fuerte, se cuecen los lomos de salmón durante unos 3 o 4 minutos, dándoles una vuelta para que el calor llegue por igual a ambos lados.

Mientras, en otra sartén o plancha caliente y con el fuego bastante fuerte, se echa una cucharada de aceite y se sofríen o se asan a continuación los espárragos, procurando que se tuesten ligeramente pero que a la vez queden crujientes. Para conseguirlo, hay que darles varias vueltas durante los 5 minutos aproximados de cocción, de manera que reciban calor por todas partes.

Una vez cocidos, los lomos de salmón se apartan del fuego. Se colocan en un plato o fuente de servir para presentarlos de inmediato antes de que se enfríen, espolvoreados con semillas de cilantro y acompañados por los espárragos, unas rodajas de limón y unas hojitas de perejil.

Sopa de coliflor

4 personas

40 minutos

sencilla

Ingredientes

1 coliflor

1 cebolla

1 ajo

1 pastilla de caldo concentrado (opcional)

1 tomate (opcional)

1 ramita de menta (opcional)

aceite de oliva

sal

pimienta

Elaboración

Para elaborar esta receta, lo primero que debe hacerse es lavar bien la coliflor y escurrirla, pero dejándola entera. Si hay indicios de la presencia de insectos o larvas, en el interior, pueden dejarse en remojo en agua con vinagre para que los suelte. Mientras, se calienta una olla con agua abundante con sal y, cuando arranca el hervor, se echa la coliflor limpia y se hierve a fuego medio durante aproximadamente unos 30 minutos, procurando que quede tierna pero sin deshacerse. Una vez cocida, se retira de la olla, se divide en ramitos menuditos y se reserva el tronco y el caldo del hervido.

Paralelamente, se sofríen la cebolla y el ajo, previamente picados, en una sartén con un poco de aceite. Cuando se han dorado, se agrega la pastilla de caldo concentrado desleída con un poco de agua, se mezcla y se incorpora al jugo y el tronco de la coliflor. Se bate bien con la batidora eléctrica hasta que se forme una crema suave y homogénea. Se rectifica de sal y pimienta al gusto y se vierte en el recipiente donde se han reservado los tronquitos de coliflor desmenuzados.

Si la sopa resultante es demasiado líquida, se cuece un poco más para que reduzca, antes de servirse bien caliente. Puede acompañarse con unas rodajas de tomate, trocitos de mozzarella y unas hojitas de menta.

Sopa de tomate

4 personas | 25 minutos | sencilla

Ingredientes

2 kg de tomates

1 cebolla

hojitas de albahaca

1 copa de vino dulce

2 cucharadas
de aceite de oliva

sal

pimienta negra

Elaboración

Esta sopa puede servirse caliente o fría. Por supuesto, en verano es mucho más sabrosa, pues los tomates frescos, su principal ingrediente, están en su punto álgido y, además, son entonces muy baratos. Así pues, fría puede ser una buena opción como entrante veraniego. Previamente, deben lavarse, pelarse, eliminar las semillas de los tomates y dividirlos a cuartos. También se pela y corta a rodajas la cebolla.

En una cazuela bastante amplia, con el fondo cubierto de aceite, se sofríen primero las rodajas de cebolla a fuego suave para que se confiten (se vuelven transparentes y blandas) pero sin dorarse demasiado durante unos 5 o 6 minutos. A continuación, se incorporan los tomates, la copa de vino dulce, sal y pimienta al gusto y se prosigue la cocción otros 15 minutos, aproximadamente.

Cuando el sofrito ha convertido los cuartos de tomate en una especie de puré, se rectifica de sal y pimienta y se bate todo con la batidora hasta que quede una crema muy fina. Luego, se cuela por un tamiz o colador muy fino y puede servirse caliente o fría, acompañada de unas hojitas de albahaca espolvoreadas por encima. Si no se dispone de vino dulce, puede sustituirse por una copita de brandy con una cucharadita de azúcar.

Sushi

4 personas

30 minutos

dificultad media

Ingredientes

8 hojas de alga nori

400 g de arroz glutinoso

150 g de pescado o marisco fresco (salmón, atún, pargo, jurel, caballa, calamar, langostino, etc.)

vegetales y frutas (zanahoria, guisantes, pimiento rojo o verde, aguacate, espárragos, pepinillos, etc.)

vinagre de arroz

salsa wasabi (rábanos picantes)

salsa de soja

jengibre

azúcar

sal

Elaboración

Para preparar un sushi correctamente, es imprescindible congelar previamente el pescado para eliminar cualquier peligro de contaminación, sobre todo de la bacteria anisakis, frecuente en los pescados que se consumen frescos. También debe disponerse de láminas de alga nori y de arroz glutinoso, el más apropiado para esta preparación gastronómica japonesa. Los demás no ofrecen la misma textura y puede encontrarse con relativa facilidad en los grandes supermercados. En cuanto a las algas nori, las hay en las tiendas de macrobiótica o productos dietéticos, lo mismo que la salsa de soja, mientras que la salsa wasabi (de rábanos picantes), algo más rara, puede sustituirse por una mostaza.

En primer lugar, hay que hervir el arroz con agua, escurrirlo y perfumarlo con vinagre de arroz. Luego, se coge una hoja de alga nori, se tuesta ligeramente por una de las caras y se coloca sobre una esterilla de bambú, con la parte tostada hacia el exterior. A continuación, se depositan sobre el alga tiras de arroz y del relleno elegido. Finalizada esta operación, se enrolla sobre sí misma la hoja de alga. Para facilitar su adherencia, hay que mojar con agua de arroz la parte final de la hoja de alga. Una vez enrollado y con un cuchillo muy bien afilado, se corta el cilindro en varios tacos, que se sirven acompañados con salsa de soja y de wasabi y jengibre.

Tartaletas de verduras

4 personas

40 minutos

sencilla

Ingredientes

160 g de harina

1 huevo

verduras, al gusto (rabanitos, cebolletas, cebolla, lechuga, pimientos, calabacines, zanahorias, guisantes, tomates, judías verdes, etc.)

queso tierno de cabra

aceite de oliva

sal

Elaboración

Esta receta puede resultar sumamente atractiva y apetitosa, por lo que puede ofrecerse incluso a los más remisos a consumir verduras. Su atractivo depende básicamente de los ingredientes utilizados y, por lo tanto, de la imaginación de quien la prepare. Una vez lavadas, peladas y cortadas a trocitos las verduras elegidas, se reservan. En algunos casos, hay que hervirlas para que alcancen la textura adecuada (poco, por su pequeño tamaño).

Luego, se mezclan en un cuenco la harina, una yema de huevo, una cucharadita de aceite y una pizca de sal y se forma una masa, que se trabaja bien hasta que se desmigaje. A continuación, se deja en reposo durante 1 hora en el frigorífico, envuelta en papel film o tapada. Transcurrido ese tiempo, ya pueden prepararse las tartaletas. Para ello, se estira la masa con un rodillo sobre una superficie lisa hasta que su espesor sea de unos 3 mm. Y con ella se forran 4 moldes de tartaletas, que se introducen en el horno previamente calentado a 180 °C y se cuecen durante diez minutos, aproximadamente.

Cuando ya están templadas o frías, si se prefiere, se desmoldan las tartaletas y se rellenan con el queso tierno y las verduras reservadas, aliñándolas con aceite de oliva y sal. Pueden servirse frías o ligeramente calentadas en el horno.

Tempura

4 personas

40 minutos

dificultad media

Ingredientes

200 g de harina

12 gambas

100 g de judías verdes

8 espárragos verdes

2 zanahorias

1 pimiento verde

1 calabacín

1 huevo

medio vasito de vino blanco

4 cucharadas de salsa de soja

2 cucharadas de salsa wasabi (rábanos picantes)

aceite

sal

Elaboración

El primer paso para elaborar esta receta es limpiar y preparar todos los ingredientes. No sólo hay que lavar, hervir brevemente en agua salada y pelar las gambas. También debe rasparse la piel de las zanahorias, limpiar el pimiento de rabos y semillas, pelar el calabacín y quitarle los rabos e hilos a las judías. Luego se lavan, se escurren y se cortan en juliana estos vegetales, a excepción de los espárragos y las judías verdes, que se dejan enteros o cortados por la mitad.

Aparte, se prepara la salsa mezclando las salsas de soja y rábanos picantes con el vino blanco, se bate bien y se reserva. También se elabora una pasta de buñuelos echando la harina en un cuenco y mezclándola con el huevo batido, sal y dos cucharadas de agua, agregadas lentamente para evitar que se formen grumos. Luego, se bate todo muy bien hasta conseguir una masa homogénea y se reserva.

Poco antes de servirse, se coloca al fuego una sartén grande con abundante aceite. Cuando está caliente, se fríen todos los ingredientes, previamente rebozados con la masa de buñuelos, empezando por las gambas y siguiendo con los vegetales. Es importante que haya pocos ingredientes en cada fritura para que el aceite mantenga la temperatura y el frito se realice con rapidez. Una vez que los ingredientes estén dorados, se sacan del aceite, se escurren sobre un papel absorbente y se sirven acompañados por la salsa.

Tortilla de patatas, jamón y guisantes

4 personas — 30 minutos — sencilla

Ingredientes

4 huevos

500 g de patatas

100 g de guisantes frescos o congelados

200 g de jamón de York

aceite

sal

Elaboración

Una vez mondadas y lavadas, las patatas se cortan en rodajas finas. Luego, se echan en una sartén un poco amplia, con un poco de aceite, junto con los guisantes y el jamón de York, previamente cortado en trocitos pequeños. Se sazona y se cuece, removiendo de vez en cuando hasta que todos los ingredientes estén en su punto, algo que indican las patatas ya doradas. En ese momento, se aparta todo de la sartén y se escurre en un colador para que suelte el aceite. Para elaborar la tortilla, previamente se baten los huevos con un poco de sal. Cuando están bien batidos, se agregan las patatas, los guisantes y el jamón y se mezcla todo bien.

A continuación, se coloca la sartén en el fuego con el fondo cubierto con dos cucharadas pequeñas de aceite. Se echan los huevos batidos y mezclados con las patatas, los guisantes y el jamón. Y se agita con fuerza la sartén para que se remueva todo, se reparta bien el aceite del fondo y no se pegue la tortilla. Cuando el primer lado de la tortilla haya cuajado se tapa la sartén con un plato o una tapadera, se le da la vuelta y se cuece por el otro lado. Si no está bastante cocida, puede dársele la vuelta tantas veces como se desee. Cuanto más suave sea el fuego, más cuajará por dentro sin quemarse por fuera. Una opción algo diferente consiste en dejar las patatas más desechas, textura que se consigue partiéndolas con la espumadera al cocerlas. Esta tortilla puede servirse caliente o fría, y siempre resulta apetitosa.

Yogur casero con frutas y cereales

6 personas | 8 horas | sencilla

Ingredientes

1 l de leche entera

1 yogur natural
o desnatado

fresones

frutas del bosque (arándanos, frambuesas, moras)

6 alquequenjes o fisalis

2 barritas de cereales

Elaboración

Para elaborar el yogur casero, hay que disponer de un termómetro de cocina que permita controlar la temperatura de cocción del yogur. En primer lugar, se calienta la leche en un cazo hasta una temperatura de entre 85 y 90 °C, manteniéndola estable y sin que llegue a hervir, durante unos 5 minutos. Transcurrido ese tiempo, se retira el cazo del fuego y se enfría hasta que está ligeramente caliente, es decir, a una temperatura de 40 o 43 °C. Es importante efectuar estos pasos para esterilizar la leche y eliminar las bacterias que podrían estropear el yogur.

Cuando la leche está tibia se vierte en un recipiente de porcelana, vidrio o cerámica. Lo importante es que no sea metálico. Se agregan dos cucharadas soperas de yogur natural (desnatado, si se prefiere) y se remueve bien para que se mezcle de forma homogénea. Se tapa el recipiente con un paño, una toalla o sencillamente una tapa y se deja en reposo, sin moverlo, a temperatura constante (40 a 43 °C) durante 6 o 7 horas, tiempo que precisa el yogur para coagular. Sin embargo, debe tenerse en cuenta que hay algún tipo de leche que precisa algo más de tiempo. Se aprecia porque la leche, transcurrido el tiempo indicado, está poco coagulada y es algo ácida. Si reposa algo más termina por formarse el yogur y adquirir su suave y característico aroma.

Cuando se sirve, en un bol o en una copa, se acompaña con frutas, al gusto. Pueden ser las indicadas (frambuesas, moras, arándanos), pero también otras muchas (fresones, melón, plátano, naranja, ciruela, manzana, pera, etc.). Por último, se decora con un alquequenje o fisalis y un trocito de barra de cereales.

equilibrada•alimentacion equilibrada

2. Alimentación equilibrada

alimentación equilibrada•alimentació

Dieta mediterránea

fuente de salud

Extraordinariamente equilibrada, la dieta mediterránea tiene como principal distintivo la diversidad. Aunque resulte sorprendente, éste es el común denominador de las prácticas culinarias tradicionales propias de los países que habitan el litoral del Mediterráneo, sean de Europa, África o Asia. A pesar de sus diferentes culturas, los habitantes de estos pueblos tienen todos ellos como pilares gastronómicos los alimentos derivados de la tradicional trilogía de cultivos (trigo, olivo y vid) que durante siglos ha predominado en esta zona geográfica. Desde su litoral occidental, correspondiente a la península Ibérica, hasta el oriental, que abarca desde Turquía a países como Siria, Líbano e Israel, pasando por las costas del sur de Europa, con Italia, Grecia y Croacia como más destacados, y las del norte de África, con Egipto, Libia, Túnez, Argelia y Marruecos, el mapa gastronómico mediterráneo se caracteriza tanto por las diferentes peculiaridades nacionales como por la uniformidad de alimentos.

Con fama universal de ser una excelente fuente de salud, la dieta mediterránea implica también un estilo de vida que combina a la perfección una amplia gama de alimentos de procedencia animal y vegetal con un ejercicio físico que los modernos transportes han erradicado. Su secreto radica en el equilibrio natural que ha logrado en el aporte de las grasas, proteínas, vitaminas y minerales que precisa el organismo para sobrevivir, manteniendo a raya las sabrosas grasas que otros pueblos consumen en exceso y son causa de diversos problemas de salud. Para ello cuenta además con la inestimable colaboración del aceite de oliva, cuyas grasas monoinsaturadas protegen las arterias y actúan como preventivos de enfermedades cardiovasculares.

En la doble página anterior, ensalada griega, típica preparación de la cocina mediterránea.

En la página izquierda, el saludable aceite de oliva, producto estrella de la cocina mediterránea.

Extraordinariamente equilibrada, la dieta mediterránea tiene como pilares básicos el trigo, el olivo y la vid.

Características de la dieta mediterránea

Con el término dieta se entiende una regulación alimentaria consciente y un control de la ingesta de alimentos en función de la higiene o de la aplicación de una terapia concreta, poniendo especial cuidado en la calidad de los productos que se van a consumir. Por lo tanto, cuando se habla de dieta, no se alude únicamente al hábito alimentario, sobre todo porque en los países occidentales no obedece exclusivamente a patrones regionales. La razón estriba en que las nuevas prácticas alimentarias que en general se han impuesto en los países más avanzados han sido propiciadas en buena medida por los medios de comunicación, que propugnan modelos cada vez más uniformizados.

Con una amplia presencia de productos vegetales, la dieta mediterránea es fuente de salud.

El componente de voluntariedad implícito en toda dieta afecta también a la que se conoce con el calificativo de mediterránea, con el que se hace referencia a la que tradicionalmente han practicado los países ribereños de esta cuenca. Esta dieta mantenía todavía inalterables sus características tradicionales a mediados del siglo XX, época en que un grupo de científicos llevó a cabo un exhaustivo estudio sobre ella. Las conclusiones a las que llegaron dichos investigadores determinaron que la esperanza de vida de las poblaciones de regiones mediterráneas tales como Creta, Grecia, Italia y España era bastante superior a la del resto del mundo. Por otra parte, también descubrieron que los porcentajes de personas afectadas por enfermedades coronarias, por ciertos tipos de cáncer y algunas enfermedades crónicas eran menos elevadas que las de otros países. Como se sabe, estas enfermedades están estrechamente relacionadas con la alimentación, lo que llevó a concluir que en la dieta de esos pueblos debía existir algún ingrediente beneficioso para la salud, aunque lo más probable es que se debiera a la suma de diversos factores.

El pan, rico en hidratos de carbono y fibras, es un alimento básico de los pueblos mediterráneos.

A mediados del siglo XX la dieta mediterránea tradicional era muy parecida a la vegetariana pero incluyendo proteínas de origen animal. En ella se consumía una gran variedad de alimentos de origen vegetal, como frutas, verduras, hortalizas, legumbres y ensaladas, muchos de ellos de temporada, y por lo tanto de periodicidad frecuente. Asimismo, comprendía la ingesta de abundantes alimentos ricos en hidratos de carbono y en fibras como, por ejemplo, pan, pasta, cereales, patatas y arroz. En cambio, el consumo de productos lácteos, en especial quesos y yogures, así como el de pescado, aves de corral y carnes magras era moderado y la ingesta de carnes rojas esporádica.

Siempre presente, el vino, sin embargo, se bebía con mesura, con frecuencia acompañando las comidas, y como grasa se utilizaba el aceite de oliva. Asimismo, las personas tenían una actividad física regular, lo que redundaba en su aspecto físico, de obesidad mucho más reducida y menos frecuente que en el resto de países occidentales. De este estudio y de otros posteriores se han deducido las características más destacadas que definen a la dieta mediterránea, al menos allí donde se ha descrito con rigor. Estas características están estrechamente relacionadas con las áreas geográficas donde se ha cultivado de forma tradicional la famosa y antigua tríada mediterránea, el olivo, el trigo y la vid. Por ello, el término dieta mediterránea alude en concreto a los patrones dietéticos que imperaban en dichas áreas desde tiempos muy antiguos hasta mediados

La gran variedad de frutas, hortalizas y legumbres es el núcleo básico del patrón dietético mediterráneo.

Gracias a las grasas monoinsaturadas que contiene, el aceite de oliva es un excelente protector contra las enfermedades cardiovasculares.

del siglo XX. En resumen, se trata de una dieta rica en fibras y antioxidantes (cereales, frutas, frutos secos, verduras y legumbres) y en grasas monoinsaturadas (aceite de oliva), con aporte de ácidos grasos poliinsaturados ricos en omega-3 (pescado), pero baja en proteínas animales y en grasas saturadas (carnes rojas).

Un rico legado

Forjada a lo largo del tiempo, la dieta mediterránea es fruto de la influencia que en la práctica gastronómica han dejado los diferentes pueblos que han habitado en esta cuenca. Sus raíces hay que buscarlas hace cinco mil años en Mesopotamia y Egipto. Sobre todo, en este último país, por entonces una gran potencia agrícola que producía no sólo cereales (trigo y cebada), sino también frutas (higos, dátiles, uvas, granadas y almendras), hortalizas (puerro, ajos, pepinos, melones, sandías o cebollas) y legumbres (lentejas). Asimismo, los egipcios practicaban la pesca y disponían de animales domesticados, tales como bueyes, perdices, codornices, patos, etc., aunque la carne, como en toda la cuenca mediterránea, fue siempre un alimento escaso en su quehacer gastronómico cotidiano.

La amplia variedad de alimentos que integran la dieta mediterránea permite satisfacer paladares muy distintos y exigentes a la par que se practica una alimentación equilibrada. Existe una fórmula, la 421–GLP, que expresa de forma numérica y objetiva este equilibrio. En realidad muestra las proporciones de los diferentes principios inmediatos que en ella intervienen: 4 G (glúcidos e hidratos de carbono), 2 L (lípidos o grasas) y 1 P (proteínas). Es decir, esta fórmula aconseja consumir 4 partes de glúcidos por 2 partes de grasas y 1 de proteínas. A excepción del azúcar, un hidrato de carbono o glúcido puro, y el aceite, una grasa pura, no hay más alimentos que pertenezcan exclusivamente a un grupo, pero se clasifican por su elemento compositivo dominante. Así, se clasifican como glúcidos las verduras, frutas, féculas y azúcares. Al grupo de los lípidos pertenecen las grasas de origen animal y vegetal, mientras que se consideran que aportan proteínas los productos lácticos, las carnes de animales, pescados y mariscos, los huevos y las legumbres secas.

De origen mesopotámico y egipcio, el pan se consume en la actualidad en toda la cuenca del Mediterráneo.

Más tarde, la civilización griega no sólo incorporó elementos tan esenciales como el aceite y el vino a la dieta gastronómica

Originarios de América, tomates y judías verdes están considerados en la actualidad ingredientes propios de la dieta mediterránea.

egipcia sino que también perfeccionó sus prácticas y dio importancia al uso de hierbas aromáticas (tomillo, romero). A ellos se debe la confección de los primeros recetarios de cocina mediterránea. La cultura gastronómica griega fue recogida por Roma, que se ocupó de ampliar el abanico de productos, tanto incrementando los tipos de aceites y vinos como introduciendo nuevos frutos (limón, melocotón y albaricoque).

Roma difundió sus hábitos gastronómicos por todo su imperio establecido a lo largo y ancho del Mediterráneo, convirtiéndose en el máximo agente unificador de las diferentes culturas bajo su dominio, esencial para la formación de una tradición gastronómica común en toda la cuenca, sin que falten los matices propios de la idiosincrasia de cada pueblo.

Con la caída del Imperio romano y la llegada de los pueblos germánicos, la cocina mediterránea sufrió un estancamiento e incluso cierto empobrecimiento. Sin embargo, también se introdujeron en ella por entonces nuevos ingredientes, como el arroz y la carne de cerdo o jabalí.

Pero su gran y definitivo resurgimiento vino de la mano de las invasiones árabes, que se expandieron por el norte de África y penetraron en Europa por la península Ibérica.

Aunque en menor proporción que los productos vegetales, los camarones y demás frutos del mar forman parte de la cocina mediterránea.

Comida típica italiana, la pizza combina los ingredientes mediterráneos más comunes.

Amantes de las especias y plantas aromáticas, los árabes incorporaron a la dieta algunos frutos como la granada y la naranja, hortalizas como las espinacas, berenjenas y alcachofas, y la caña de azúcar. Paralelamente, mejoraron la producción de los cultivos al aplicar sus particulares sistemas de irrigación en los territorios que dominaron, convirtiendo en fecundas huertas zonas anteriormente baldías. Por último, el descubrimiento de América supuso la introducción de nuevos productos, hasta entonces desconocidos, que revolucionaron las cocinas y la alimentación europeas, en particular la mediterránea. Desde entonces, el tomate, la patata, la judía, el pimiento, etc., se convirtieron en ingredientes básicos de lo que actualmente se conoce como dieta mediterránea.

Principales ingredientes de la dieta mediterránea

En la dieta mediterránea tradicional predominan alimentos como las hortalizas, las frutas, los frutos secos y los cereales, junto con la constante presencia del aceite de oliva, el consumo alterno de pescado, aves de corral, huevos y productos lácteos y una esporádica ingesta de carne rojas, acompañados de una moderada cantidad de vino en cada comida. Son todos ellos alimentos naturales que desde hace siglos integran la sana y equilibrada dieta propia de la cuenca del Mediterráneo que desde hace algunas décadas se ha erigido en el modelo a seguir por los nutricionistas de todo el mundo.

Aceite, cereales, frutas y hortalizas son ingredientes que nunca faltan en la dieta mediterránea.

Hortalizas

Son alimentos vegetales pobres en grasas y proteínas, pero ricos en fibra, hidratos de carbono y vitaminas con un nada despreciable contenido en minerales. Proceden de diferentes partes de las plantas, pues, por ejemplo, la lechuga, la col y las acelgas son hojas, los tomates, alcachofas y coliflores, frutos, el apio, un tallo, los ajos y cebollas, bulbos y las zanahorias, raíces. Algunas se consumen crudas y otras cocidas, pero en este último caso hay que señalar que pierden algunos de sus nutrientes con la cocción. Todas se distinguen por poseer un aroma y color propios que revelan su mayor o menor contenido en vitaminas. Así, por ejemplo, las hojas verdes de las lechugas tienen mayor porcentaje de vitamina A que las blancas o amarillas, mientras que las zanahorias y los pimientos presentan una considerable cantidad de vitamina C. Excelentes para la salud, se recomienda una ingesta de varias raciones diarias.

Crudos o cocidos, los vegetales aportan nutrientes indispensables y benéficos al organismo.

Frutas y frutos secos

Reciben el nombre de frutas un grupo de alimentos vegetales que en realidad son los frutos de diversas plantas. Esenciales en una alimentación equilibrada de cualquier etapa de la vida, son alimentos tan aconsejables para las personas ancianas como básicos en la edad adulta e imprescindibles en la infancia y la adolescencia.

De bajo contenido energético y proteínico, gran parte de su peso corresponde al agua que acumulan, mientras que son relativamente ricas en minerales y fibra, pero sobre todo en vitaminas. Ahora bien, no todas las frutas contienen el mismo tipo de vitaminas. Así, los cítricos, el melón y las fresas son muy ricos en ácido ascórbico, más conocido como vitamina C, mientras que los albaricoques aportan vitamina A, las ciruelas la E y otras frutas contienen vitaminas del grupo B o betacarotenos, sustancias que actúan como la vitamina A. En cuanto a los frutos secos, son alimentos constituidos por las semillas o los frutos de algunos vegetales. Se diferencian de las frutas por su alto contenido calórico, por lo que no son aconsejables para quienes tienen problemas de sobrepeso. Son ricos en proteínas y en aminoácidos esenciales, además de contener ácidos grasos insaturados, entre ellos el ácido oleico, sustancia que ayuda a reducir los niveles de colesterol. Por otra parte son una buena fuente para obtener las vitaminas A, B_1, B_3 y E.

Muy energéticos, los frutos secos contienen también vitaminas y minerales.

Asociados al nacimiento de la economía productiva, los cereales son alimentos básicos de la humanidad.

Se conoce como bulgur los granos de trigo ligeramente molidos, un ingrediente tradicional de la cocina mediterránea tanto de los países del litoral oriental como occidental. Antaño se empleaba en los cocidos y en las sopas o se guisaba como si se tratara de un arroz. En el litoral ibérico, desde Murcia hasta Cataluña fue en otros tiempos una comida muy popular que hoy se ha convertido en un simple testimonio del pasado, sobre todo, en Valencia y Cataluña. En Menorca, en cambio, sigue cocinándose e incluso lo sirven en algunos restaurantes. En esta isla se le denomina arroz de la tierra y suele cocinarse al horno, acompañado con productos de chacinería. En Turquía y Próximo Oriente se conoce como *boulgouri, burghol, borghol, bulghur*, mientras que en Chipre recibe el nombre de pourgouri. A veces, se guisa como los arroces al caldo y se acompaña con fideos muy finos (*burghul mufalfal*). El bulgur suele encontrarse en establecimientos especializados en productos vegetarianos, dietéticos u orientales, así como en algunos supermercados, pero en este caso suelen ser de procedencia italiana.

Cereales

Cultivados desde hace miles de años, los cereales siguen constituyendo en nuestros días el alimento básico de gran parte de la humanidad. En general son las semillas de las gramíneas, aunque existen algunas excepciones. El trigo y el arroz han sido los más utilizados en la alimentación humana, en especial la que atañe a la cuenca del Mediterráneo, pero también son importantes la cebada, la avena y el centeno en Europa, el maíz en América, la quinoa en Sudamérica y el mijo en África. Además de aportar una buena cantidad de fibra, los cereales son ricos en proteínas, carbohidratos y vitaminas del grupo B, así como también contienen grasa, hierro, vitamina E y minerales, pero en cantidades más moderadas.

Calificadas como «píldoras nutrientes» por su capacidad calórica, las legumbres son ricas en proteínas, minerales y vitaminas.

Legumbres

Las leguminosas se presentan en general como granos secos (garbanzos, alubias, lentejas y habas) separados de las vainas donde se producen. Pero también se las encuentra frescas, en conserva o congeladas (guisantes y habas). Son muy energéticas, ricas en hidratos de carbono y fibra insoluble, con un buen contenido de proteínas vegetales, mucho más saludables que las de origen animal. Aportan también vitaminas y minerales al organismo.

Son por tanto alimentos muy completos que hasta hace relativamente poco tiempo se despreciaban. En la actualidad se han revalorizado gracias a las investigaciones de los nutricionistas que han indicado sus muchos efectos beneficiosos para la salud.

Pescado

El pescado ha constituido desde hace milenios una fuente básica de la alimentación humana. Con un alto contenido en proteínas de alto valor biológico, presentan distintas proporciones de lípidos según sean pescados blancos o azules. Además, contienen vitaminas A, B y D, así como diferentes sales minerales.

De sabor exquisito cuando es fresca, la sardina es uno de los pescados azules más populares.

Pescado azul. A este grupo pertenecen pescados como el arenque, el atún, la caballa, la sardina, la anguila o el salmón, etc. cuyas carnes se consideran grasas por tener una proporción de lípidos superior al 6 %.

Muy populares en la dieta tradicional mediterránea, durante un tiempo fueron denostados por creerse que contribuían a incrementar los niveles de colesterol. Sin embargo, las investigaciones han demostrado justamente lo contrario.

Gran parte de sus lípidos son insaturados y entre ellos se encuentran los ácidos oleico, linoleico y omega-3, nutrientes que disminuyen el nivel de colesterol y ayudan a impedir la formación de trombos en la sangre, por lo que contribuyen en la reducción del riesgo de enfermedades coronarias.

Rico en ácido oleico, que ayuda a reducir el colesterol, el aceite es una excelente grasa para cocinar.

Aceite de oliva

Muy utilizado desde siempre en la cuenca del Mediterráneo, el aceite de oliva era hasta hace muy poco una grasa prácticamente desconocida en el resto del mundo. Tampoco se sabían muchas de sus virtudes y algunos países que lo tenían a su alcance, como Francia, preferían utilizar otro tipo de grasas, como la mantequilla o la manteca, para cocinar.

Es más, incluso en algunos países del litoral mediterráneo se había abandonado o limitado su consumo en favor de otros aceites vegetales, como el de girasol, maíz, etc. Sin embargo, las investigaciones efectuadas sobre la dieta mediterránea a mediados del siglo XX revelaron los muchos efectos beneficiosos que su consumo aporta al organismo.

Vino

Se ha demostrado que bebido con moderación, es decir, un vaso en las dos principales comidas del día, contribuye a facilitar la digestión de las grasas gracias al alcohol (etanol) que contiene. Por otra parte, sus taninos y flavonoides actúan como antioxidantes, mientras que aporta un poco de hierro y colabora en la absorción de este mineral por el organismo, además de contener algo de vitamina A y varias del complejo B.

Beneficios que aporta la dieta mediterránea

Gracias a los estudios antes señalados se puede afirmar que una alimentación equilibrada, que baraje racionalmente todos los componentes de la dieta mediterránea y tenga como uno de sus ingredientes básicos el aceite de oliva, es un factor clave para evitar algunas enfermedades y elevar la esperanza de vida de quienes la consuman de forma habitual. A modo de ejemplo, puede afirmarse que entre otros elementos, las frutas, hortalizas y legumbres aportan sustancias antioxidantes que contribuyen a eliminar los residuos tóxicos generados por los procesos biológicos, mientras que el alto contenido en celulosa de legumbres, hortalizas y verduras favorece la actividad intestinal.

Asimismo, cabe destacar el gran poder equilibrador que tienen la vitamina C y el ácido cítrico, presentes en frutas tan abundantes en los países de la cuenca mediterránea como la naranja, la mandarina o el limón. Es también harto conocido que la obesidad incrementa el riesgo de contraer enfermedades cardiovasculares. Y, puesto que, desde un punto de vista energético, se cree que son los alimentos de elevado contenido en grasas la principal causa de obesidad, la dieta mediterránea, que incluye numerosos ingredientes con un nivel calórico bajo, parece ser la más idónea para prevenir ambas dolencias. Por otra parte, también se ha demostrado que la ingesta de aceite de oliva, alimento básico en dicha dieta, repercute de forma beneficiosa en la salud. Ello se debe a que su consumo supone mayor proporción de grasas vegetales que de las procedentes de los lípidos de origen animal, fuente principal en la mayoría de los países occidentales. Y también porque se trata de un alimento con capacidad preventiva de las cardiopatías coronarias y otras enfermedades relacionadas con el corazón. Por ejemplo, una dieta de este tipo reduce la presión arterial, es decir, la hipertensión y asimismo actúa contra las trombosis coronarias. Un factor esencial es la acción del ácido oleico al oponer resistencia a la oxidación de las lipoproteínas y contribuir a que las arterias no formen las placas de grasa que las obstruyen.

Ligera, con pocas grasas, pero muy equilibrada en nutrientes, la dieta mediterránea es muy saludable.

El aceite

oro en la mesa

El aceite de oliva, uno de los ingredientes básicos de la dieta mediterránea, no sólo destaca por sus características sensoriales y el buen sabor que aporta al resto de alimentos que acompaña, sino también por tratarse de un producto cuyo consumo tiene efectos beneficiosos para la salud. Se conoce con este nombre el jugo que proporciona el fruto del olivo, árbol mediterráneo por excelencia que sin embargo es originario de las regiones comprendidas entre el Cáucaso, la altiplanicie de Irán y las costas de Siria y Palestina, desde donde penetró en Asia Menor, África y Grecia. Fue en este último lugar donde se convirtió en un producto valioso vinculado a la diosa Atenea y a los juegos olímpicos. Uno de sus personajes más ilustres, Homero, que ya conocía algunas de sus excelentes cualidades, le llamó «oro líquido». Y más tarde los romanos, que también lo apreciaron, se ocuparon de difundir su cultivo.

Durante las invasiones bárbaras decayó su producción, pero la llegada de los árabes a la península Ibérica supuso un nuevo impulso para el jugo de la aceituna, que ellos conocían como *azzait*, palabra de la que deriva aceite. Andalucía se convirtió bajo su dominio en una importante región olivarera y alcanzó excelentes rendimientos en los olivares del valle del Guadalquivir. Durante los siglos XVI al XIX este cultivo se incrementó y vivió su máximo esplendor a partir de la primera mitad del siglo XX. Desde entonces hasta nuestros días, el aceite de oliva ha merecido la atención y el elogio de los expertos en nutrición y gastronomía. Muy apreciado por los más exquisitos paladares, resulta excelente en todas sus aplicaciones, crudo, en ensaladas, salsas frías, conservas, escabeches, emulsiones, guisos, fritos, etc.

En la doble página anterior, aceitunas en rama y su producto derivado, el aceite.

En la página izquierda, un chorro de aceite de oliva, excelente aliño de ensaladas y otras preparaciones.

El fruto del olivo

El aceite es el jugo que proporciona la oliva o aceituna, el fruto del olivo, probablemente una de las especies arbóreas más viejas que existen. De la variedad española (*Olea europaea var. Sylvestris*) existen algunos ejemplares casi milenarios en Mallorca, lo que da idea de su longevidad.

La aceituna es el fruto o drupa del olivo, un árbol ampliamente cultivado en la península Ibérica.

El olivo requiere climas templados, aunque puede resistir, sobre todo, las variedades más próximas a la especie silvestre, a bajas temperaturas. De modo similar, cuanto más pequeño es el fruto, mejor soporta el árbol los fríos más extremos. Se cría silvestre en las tierras bajas próximas al mar Mediterráneo, encontrándose en la península Ibérica allí donde la pluviosidad anual ronda los 400 mm, desde el Algarve, en el Atlántico, hasta el archipiélago de las Baleares, en el Mediterráneo. Cultivado, forma extensos olivares en Andalucía, principalmente en las provincias de Jaén, Córdoba y Sevilla, en Castilla, en la provincia de Toledo, en Cataluña, en las provincias de Tarragona y Lérida, así como en Aragón, Comunidad Valenciana, Extremadura, La Rioja y Mallorca.

Especies de olivos

Hay numerosísimas especies diferentes de olivo, aunque algunas son sólo referencias literarias en la actualidad por haberse abandonado el cultivo de muchos olivares y haber sobrevivido únicamente las más productivas y rentables. En general, a cada variedad de aceituna le corresponde una homónima de árbol. Entre las más extendidas en la península Ibérica destacan la sevillana, la verdial, la farga, la picuda y la arbequina, aunque también se dan otras como royal, empeltre, blanqueta, morisca, lechín, etc.

Sevillana. Esta especie se caracteriza por ser un árbol de gran tamaño y vegetación densa que se adapta bien a suelos pobres, pero al que atacan diversas enfermedades y por ello su producción es irregular. Una de sus características es que las ramas nuevas son de color gris. Sus ovoides aceitunas dan un aceite muy fino.

La pulpa carnosa de las aceitunas envuelve un hueso con semilla en el interior.

Verdial. Es una variedad de tamaño también grande y color gris ceniciento, que se adapta a suelos arenosos, resiste bien las sequías y su aceituna es elipsoidal y alargada.

Farga. De crecimiento rápido pero producción bastante irregular, es un árbol relativamente grande y con una copa que alcanza un amplio diámetro, que enferma con facilidad y precisa suelos ricos. Sus aceitunas, de forma ovalada se vuelven negras al madurar.

Como su nombre indica, las aceitunas verdes son frutos todavía inmaduros.

Originario del Próximo Oriente, el olivo, árbol mediterráneo por excelencia, es una especie de hoja perenne que soporta bien los climas secos y las altas temperaturas.

Picuda. Más regular que las anteriores es la producción de la picuda, especie que se caracteriza por tener un árbol muy ramificado, de copa ancha y con tendencia a abrirse. Su aceituna alargada y terminada en pico proporciona un aceite muy fino y de color amarillo pálido.

Arbequina. Es un árbol que se caracteriza por ser de tamaño medio, resistente al frío y las sequías. Suele desarrollarse antes que otras variedades, pero no soporta muy bien el ataque de plagas. De su redonda y oscura aceituna, una de las más pequeñas de las que se cultivan en España, se obtiene un aceite de gran calidad.

Excelente como aliño de alimentos crudos, el aceite de la variedad arbequina es exquisito.

Valores nutritivos y salud

Como grasa que es, el aceite de oliva aporta al organismo la energía que éste necesita para funcionar. También contribuye a configurar la reserva energética que precisa (unas 9 calorías por cada gramo de grasa) y a aislar el cuerpo manteniéndolo en los 36-37 °C de temperatura media, pues se almacena en el panículo adiposo y protege las vísceras. Cabe señalar al respecto que la mayoría de las organizaciones de salud internacionales sostienen que las grasas han de representar aproximadamente el 30 % del aporte energético total en una dieta equilibrada. Esta cantidad puede aumentarse hasta el 35 %, siempre y cuando la aportación se efectúe a partir de ácidos grasos monoinsaturados, con la sola excepción de los niños menores de 2 años, para quienes no hay restricciones. Es decir, la grasa no debe superar los 35 g en una dieta de 1.000 kcal.

Existe sin embargo otro dato importante y es la calidad de las grasas. En realidad, las grasas factibles de ser ingeridas están compuestas de ácidos grasos muy distintos. Los ácidos grasos saturados (AGS), que elevan generalmente los niveles de colesterol en la sangre, especialmente el LDL colesterol (del inglés, *low density lipoproteins*, lipoproteína de baja densidad), proceden de alimentos de origen animal (carne, quesos, mantequilla, nata) o de los aceites de coco y de palma.

De forma algo globosa u ovoide, las aceitunas son de color verde, pardo o negro según su grado de madurez.

En cambio, los ácidos grasos insaturados (monoinsaturados o AGMI, y poliinsaturados o AGPI), tienen la propiedad de reducir dicho nivel. Los ácidos grasos poliinsaturados se encuentran en aceites de semillas, como soja, girasol y maíz, así como en las nueces, mientras que los ácidos grasos monoinsaturados están presentes en algunos aceites vegetales, pero sobre todo en el de oliva. Este último asegura además la ingesta de ácidos grasos esenciales al organismo, que por sí mismo no puede sintetizar. Indispensables en la formación de las membranas celulares y la embocadura de los nervios, los ácidos grasos esenciales intervienen en la constitución de los tejidos del cerebro. En general, se necesitan para el crecimiento e integridad de la piel así como para la constitución de los núcleos de las células.

Otra de las cualidades de las grasas es que mejoran la absorción de las vitaminas liposolubles (A, D, E y K), a las que sirven de vehículo. En particular, gracias a su alto contenido en vitamina E, podría afirmarse que el aceite de oliva virgen es el «elixir de la eterna juventud». Probado antioxidante celular, retarda el envejecimiento de las células y, en consecuencia, el de las personas que lo consumen de forma asidua. Y gracias a su contenido en vitamina C, carotenoides y diversos polifenoles, todos ellos antioxidantes, es un buen preventivo contra el cáncer. En general, el consumo del aceite de oliva se recomienda en personas de todas las edades por su acción beneficiosa en el crecimiento de los huesos, siendo por lo tanto indispensable en la alimentación infantil. Dado además que el aceite de oliva contiene ácidos grasos similares a los que se encuentran en la leche materna, es beneficioso tanto en la primera infancia como en adultos y personas ancianas, pues favorece la absorción del calcio y ayuda a combatir la desmineralización de los huesos propia de la senectud.

Por sus muchas propiedades benéficas para la salud, el aceite está recomendado por todos los dietistas.

Otros efectos saludables

Además de contribuir a potenciar el sabor de los alimentos, lo mismo que las restantes grasas, el aceite de oliva, como ya se ha dicho, tiene la particularidad de contener ácido oleico, un ácido graso monoinsaturado que interviene activamente en la disminución del nivel de colesterol perjudicial, el LDL colesterol, que puede alcanzar en la sangre.

En la antigüedad el aceite de oliva gozó de gran popularidad gracias a sus muchas utilidades. No sólo era un alimento básico de la dieta, sino que también era un producto indispensable de la medicina, la higiene y la belleza. Se utilizaba además como combustible para la iluminación, como lubricante de herramientas y como impermeabilizante de las fibras textiles. En la actualidad, sigue siendo un producto muy versátil y la medicina natural y tradicional recomiendan su ingesta. Ahora bien, si lo que se consume es la aceituna, cabe señalar que la negra es más digestiva que la verde. La razón estriba en que se trata del fruto ya maduro, pues la verde, como su nombre indica, está todavía por madurar.

Por otra parte, su aporte principal de grasas vegetales, en lugar de las provenientes de los carbohidratos, fuente principal de la ingesta energética en la mayoría de los países occidentales, se refuerza con su efectividad preventiva de las cardiopatías coronarias y otras enfermedades relacionadas con el corazón. Por ejemplo, una dieta que lo incluya reduce la presión arterial, es decir, la hipertensión. También se ha revelado como un buen preventivo contra las trombosis coronarias. Otro aspecto es que resulta idóneo para frenar y controlar la obesidad empleándose incluso en curas de adelgazamiento. La razón estriba en que, desde un punto de vista calorífico, se cree que son los alimentos de elevado contenido en grasas la principal causa de obesidad, algo que no ocurre con la dieta mediterránea, que incluye alimentos de baja densidad energética, a pesar del elevado contenido de aceite de oliva. Los médicos de la antigüedad ya afirmaban que la presencia de grasa, y en particular la del aceite de oliva, en distintos segmentos del tracto intestinal dificulta la secreción de ácido gástrico y evita la formación de cálculos biliares, pues estimula la producción de bilis. En la actualidad, algunos estudios abogan por el efecto favorable del aceite de oliva en la esofagitis por reflujo o el estreñimiento y en la hidratación de la piel.

Una de las cualidades del aceite de oliva es que potencia y mejora los sabores de los alimentos.

Aliñados con aceite de oliva, los productos vegetales ganan capacidad calórica sin provocar obesidad.

Además de ser uno de los factores que actúan en la prevención de los trastornos cardíacos, el aceite de oliva contribuye a evitar la formación de cálculos biliares, entre otros muchos efectos saludables.

El extracto de hojas de olivo se utiliza para reducir la presión sanguínea y combatir la fiebre, los espasmos y la ansiedad.

Sustancia antioxidante, el aceite de oliva frena el envejecimiento de las células si se ingiere con regularidad.

Es más, al parecer el aceite de oliva reduce las úlceras en el 33 % de los casos, y coopera en su cicatrización en el 55 %. Asimismo, retrasa la movilidad intestinal y el vaciado gástrico, con lo cual preserva la función de reservorio del estómago.

También en las diabetes ligeras que no precisan tratamiento con insulina, los pacientes experimentan una mejora en sus perfiles lipídicos y presentan un control de la glucemia más óptimo si en su alimentación predominan los ácidos grasos monoinsaturados. Por ello, la recomendación más usual en estos casos es una dieta mediterránea que modifique el contenido diario de grasas, esto es, de aceite de oliva, con vistas a ajustarlo a las necesidades individuales para controlar el peso, aspecto básico en estos pacientes. Por otra parte, las hojas del olivo tienen interesantes aplicaciones medicinales. La oleuropeína, un glucósido amargo, ayuda a disminuir la presión sanguínea y, antes del descubrimiento de la quinina, se usaba, a pesar de su intenso sabor amargo, como tónico y febrífugo.

El cultivo del olivo

De copa airosa y hoja perenne, el olivo se adapta bien a las tierras de secano y soporta las elevadas temperaturas estivales mejor que los fríos excesivos. Y aunque prefiere un invierno frío, entre 7 y 10 °C, no soporta bien temperaturas por debajo de –8 °C, mientras que las de –12 °C o más terminan con él. En general, en la época de floración el olivo necesita que la temperatura alcance los 18 °C.

Según antiguas y muy arraigadas creencias populares, el olivo sólo produce una estimable cantidad de fruto cada dos años. Pero esta inexacta y mítica afirmación (originada en tiempos de los romanos, según puede comprobarse en el libro *De los trabajos del campo* escrito por Columela) obedece, sobre todo, a prácticas de cultivo equivocadas o desafortunadas. Muy al contrario, con un buen abonado, una poda selectiva bien efectuada y un buen riego un par de veces al año si la climatología así lo aconseja (en julio, cuando germina, y en septiembre para potenciar el desarrollo de las aceitunas) es posible obtener una producción excelente cada año.

Si el terreno lo permite, se utilizan métodos mecánicos para recolectar las aceitunas.

No presenta ninguna exigencia inicial en cuanto al tipo de terreno, siempre que disponga de suelos profundos. Sin embargo, en los terrenos fértiles no da mucho fruto ni el aceite resulta de buena calidad. Y que los suelos más apropiados son los sueltos, calcáreos y volcánicos, de buena permeabilidad. Asimismo, son preferibles las llanuras y laderas poco inclinadas, y ello debido a su característico enraizamiento.

En marzo o abril se produce la primera floración, que suele ser muy abundante (aunque no conviene que sea demasiado temprana a causa de las heladas). La temperatura media ha de rondar los 15 °C para que aparezcan los capullos cerrados, que se abren cuando la temperatura alcanza un mínimo de 18 °C. Cada ramillete, a su vez, da entre 15 y 30 flores, aunque no todas son fértiles. Producen fruto las que están dotadas de estambre y pistilo, pero incluso éstas pueden no ser

Sólo un pequeñísimo porcentaje de flores fructifican y se convierten en aceitunas.

Con anchoas u otros ingredientes, las aceitunas rellenas son un aperitivo muy popular.

fecundadas o perderse por culpa de lluvias inoportunas o por la acción de parásitos. A pesar de ello, como el olivo produce un gran número de flores, la cosecha suele ser abundante. Se calcula que sólo un 5 % de flores desarrollan aceitunas. El período de fructificación abarca los meses de septiembre y octubre. Los frutos, llamados aceitunas, son de forma ovoide o algo globosa, color verde, pardo o negro y completan su maduración entre los meses de noviembre y enero.

La aceituna

Con este nombre heredado de los árabes se conoce el fruto o drupa del olivo. Su tamaño oscila entre 1 y 3,5 cm de largo, de forma ovoide o algo globosa, de color verde al principio y que, transcurrido un año, se tornan parduscas, luego negras o de color blanco marfil, siendo esta variación de color indicativa del estado de maduración de la aceituna, que se completa entre los meses de noviembre y enero.

Consumida desde tiempos remotos, hoy la aceituna se prepara de formas muy variadas.

Al igual que todas las drupas (ciruela, melocotón, cereza, etc.), la aceituna está compuesta por una pulpa carnosa y un único hueso. Este último, el hueso o endocarpio, es su parte leñosa, dura y rugosa que, en algunas variedades, está unida a la pulpa a través de unos tegumentos fibrosos. En el interior del hueso se encuentra la semilla o almendrilla, que se ocupa de reproducción del árbol. En cuanto a la pulpa, llamada también carne o mesocarpio, es la parte donde se almacena la mayor cantidad de aceite. Cuando el fruto está aún verde, la pulpa es consistente, pero a medida que madura, se vuelve más blanda. En su parte externa esta cubierta por la piel o epicarpio, una fina, lisa y brillante membrana, compuesta por los elementos que, una vez madura, le proporcionan el color y el aroma que le son propios. Uno de ellos es la viridina, colorante responsable del característico tono verdoso de los aceites jóvenes. Otros lugares donde también se almacena aceite son la semilla y el hueso. Diferentes al de la pulpa, el aceite de la semilla supone alrededor del 30 % de su peso, mientras que el del hueso tiene la misma composición que el de la carne.

Formación de la aceituna

Una vez fecundada la flor del olivo, se forma la aceituna. Unos dos meses después de la fecundación, el hueso se ha endurecido y la pulpa crece lentamente. En este período la aceituna es de color verde y realiza la función clorofílica como el resto del árbol. En cambio, mientras madura, la pulpa se ablanda, pierde agua y clorofila y genera el aceite. Éste se estructura muy temprano, idéntico ya a como se obtendrá en el prensado.

Durante el proceso de maduración sólo crece en volumen, desarrollándose en pequeñas bolsas recubiertas por membranas que contienen un aceite de total pureza, de modo que si se pudiera obtenerlo sería el ideal de un oleicultor. La gran dificultad para ello radica en la inevitable mezcla que se produce con el resto de sustancias durante la molienda.

Su color varía desde el verde tierno primaveral al verde amarillento con manchas rojizas que paulatinamente se extienden hasta cubrirla por completo, convirtiéndose luego en un tono morado que oscurece hasta ser negro. A lo largo del proceso de maduración su contenido también varía. Así, la proporción de agua desciende del 70 al 20 % cuando alcanza la plena madurez. La cantidad de aceite es entonces un 30 % del total del peso de la aceituna, de los que un 20 % corresponde a la pulpa, un 7 % al hueso, y el restante 3 % a la almendrilla interna, considerando siempre que estas cantidades no son siempre exactas pues varían en función de las variedades, terrenos y años de cosecha.

Tipos de aceitunas

De tamaños diversos, los colores de las aceitunas oscilan entre el verde tierno primaveral hasta el negro, pasando por varios tonos de morado y pardo.

España cuenta con 262 variedades de aceitunas registradas que se han clasificado en cuatro grupos, atendiendo a los diferentes tamaños de la superficie que ocupa su cultivo. En el grupo principal hay 24 variedades, 19 de las cuales se aprovechan para la producción de aceite, mientras que las cinco restantes corresponden a aceitunas de mesa.

Picudo. Con bastante resistencia al frío, a la humedad y a los suelos calizos, es una de las variedades españolas más importantes y apreciadas por las características organolépticas de su aceite. Tiene una productividad elevada y se cultiva en las provincias de Córdoba, Granada, Málaga y Jaén.

Lucio. Es una variedad fuerte y vigorosa pero sensible al frío que se cultiva sobre todo en Granada. Tiene un alto contenido graso, pero su productividad es baja.

Sólo en España hay registradas casi tres centenares de variedades de aceitunas.

Lechín de Sevilla. Esta variedad, que se desarrolla en suelos de las provincias de Sevilla y Badajoz, produce un aceite con buenas cualidades organolépticas.

Lechín de Granada. Aunque tiene el mismo nombre que la anterior, ocupa espacios muy diferentes pues se desarrolla en tierras de Granada, Almería, Murcia y Albacete. Es una variedad resistente al frío y a la sequía que se desarrolla sin problemas en terrenos calizos. Su productividad es elevada, pero su pequeño tamaño entorpece tanto la recolección manual como la mecánica.

Hojiblanca. Se cultiva sobre todo en las provincias de Córdoba, Málaga, Granada y Sevilla. De maduración tardía, es de buena calidad, pero su producción es baja.

Arriba, aceitunas de la variedad Lechín de Sevilla y, abajo, sucesivamente, de Hojiblanca, Arbequina y Royal.

Picual. Llamada también Marteña en el área jiennense de Martos, se trata de una variedad muy estable, con alto rendimiento y que madura pronto. Se extiende sobre todo por la provincia de Jaén y parte de la de Córdoba.

Morisca. Con un rendimiento muy elevado y una resistencia extraordinaria a la sequía, se cultiva sobre todo en Badajoz y se utiliza para mezclar con otros aceites.

Cornicabra. Muy estable, con alto rendimiento y buenas cualidades organolépticas, es una variedad que se desarrolla en tierras de Ciudad Real y Toledo.

Empeltre. De alto rendimiento, se desarrolla bien en todas las provincias aragonesas y en las islas Baleares.

Arbequina. De pequeño tamaño, como ya se ha comentado, presenta una rentabilidad muy elevada y el aceite resultante se caracteriza por tener un aroma frutado.

Blanqueta. Se cultiva en tierras de Valencia y Alicante. Es una variedad que produce un aceite muy aromático, pero resiste mal los cambios bruscos de temperatura y los inviernos rigurosos.

Morruda. Es una variedad que acusa las sequías y el frío y ello repercute en su producción, que presenta grandes oscilaciones.

Royal. Es una variedad que se caracteriza por tener una extraordinaria capacidad de adaptación a condiciones de clima y suelo poco favorables.

Farga. Con gran capacidad de adaptación al frío invernal, esta variedad se caracteriza por su temprana maduración.

Las aceitunas que caen al varear u ordeñar las ramas del olivo durante la recolección se recogen en redes y luego se transportan en sacos hasta la almazara.

La recolección de las aceitunas se efectúa a comienzos del invierno, cuando este fruto ya ha madurado. Hay diversos sistemas para llevarla a cabo. Uno de ellos consiste en el «ordeño», es decir, en pasar la mano por los racimos de aceitunas, con o sin ayuda de un instrumento parecido a un peine. Otro se basa en el vareado, o sea, en provocar la caída de las aceitunas golpeando con varas las ramas del olivo. En este último tipo de recolección, que puede efectuarse con ayuda de brazos mecánicos, se coloca una red bajo la copa del árbol para recoger las aceitunas. Luego se depositan en espuertas y se descargan en sacos que permiten la circulación del aire. A veces, las máquinas llevan una especie de embudo que facilita la recolección de las aceitunas. Sin embargo, a veces la recolección mecanizada no puede llevarse a cabo en muchos olivares por las dificultades de acceso que presentan los terrenos donde se localizan.

Arriba, aceitunas amontonadas antes de la molienda y, sobre estas líneas, cofín o capacho de prensa con pasta de aceitunas en el interior.

Elaboración del aceite

Para producir aceite, lo primero que debe hacerse es moler la aceituna para lograr que el aceite y los elementos acuosos que contiene entren en contacto. Luego se prensa la pasta obtenida con el fin de separar la parte líquida del residuo sólido (orujo) y se aísla el aceite del agua y de las impurezas que lo acompañan. Sea cual sea el método empleado, de cada kilogramo de aceitunas se extrae como media 250 centímetros cúbicos de aceite de oliva virgen, un litro y medio de alpechín y medio kilo de orujo.

Método tradicional

Los molinos tradicionales que se utilizan para moler las aceitunas se denominan almazaras. En la actualidad todavía sigue utilizándose el método tradicional, aunque cada vez se generalizan más las técnicas modernas. Las almazaras tradicionales se componen de una o dos piedras cónicas, muelas, rodillos o rulos, que giran, aplastando las aceitunas, encima de una gran piedra circular, llamada piedra de asiento.

Molidos en agua tibia, la pulpa, la piel y el hueso triturado de las aceitunas forma una pasta que se conduce a la prensa tras pasar por las batidoras, cuya misión consiste en reunir las gotículas líquidas de dicha pasta. En esta fase, algunas almazaras separan el aceite, pero en general se trata de una operación que efectúan las prensas en el siguiente paso.

Piedras de una almazara o molino de aceite tradicional, sustituidos en la actualidad por otros mecanizados.

Antiguamente las prensas estaban formadas por un tornillo de madera (en la actualidad es de hierro). Sobre este eje se desplaza una pesada traviesa con la que se exprime la pasta. Ésta se coloca en unos capachos (los cofines), provistos de un agujero central (llamado ojo) por el que circula el eje del tornillo, que se utilizan para filtrar el aceite. El líquido resultante escurre hacia las balsas, dejando pasar los capachos el líquido, pero no el orujo. Estos capachos pueden resistir presiones superiores a los 75 kg de peso por centímetro cuadrado en una hora, y por lo general, cuando se han utilizado unas doscientas prensadas, se sustituyen.

El funcionamiento de las prensas sigue inalterable desde la antigüedad. Sólo ha variado la energía empleada para accionarlas que es, desde principios del siglo XIX, la presión hidráulica, pero siempre se ha procurado que la operación del exprimido se efectúe con la máxima rapidez. Para extraer mejor el aceite, se echa un chorro de agua tibia de forma continua por encima del rimero de los capachos para dar mayor fluidez a las materias grasas. Recogido en balsas, el líquido resultante, mezcla de agua, aceite e impurezas, se somete a un proceso que aísla el aceite. En el pasado se esperaba la llegada del calor estival para que, de modo natural, el aceite flotara sobre el agua, momento en que se recogía con ayuda de unas palas con forma de espátula. Se trataba de una operación demasiado lenta que no favorecía la calidad del aceite. Al contrario, el prolongado contacto con el agua producía reacciones químicas que incrementaban su grado de acidez, los métodos actuales, más rápidos, han mejorado este proceso.

En las instalaciones familiares se combinan procesos manuales y mecanizados.

Automatizadas e informatizadas, las instalaciones industriales para la obtención de aceite precisan una actividad continuada.

Por otra parte, en la antigüedad se recomendaba efectuar todo el proceso con la menor iluminación posible, razón por la cual la mayoría de las almazaras tradicionales presentan un aspecto bastante lóbrego, fenómeno éste ya superado en las instalaciones modernas, donde ocurre todo lo contrario. También se aconsejaba que no entrara humo ni hollín en el lugar donde se elaboraba el aceite porque ambos perjudican la operación. Además, se alentaba a los aceiteros a mantener las instalaciones e instrumentos muy limpios.

Técnicas modernas

Actualmente la mayor parte del proceso de obtención del aceite se ha automatizado. Y ello incluye también los molinos basados en el método tradicional. Así, por ejemplo, el acarreo de las aceitunas hasta las centrifugadoras se efectúa mediante cintas transportadoras conocidas como sinfines. Los cofines, es decir los capachos, que antes eran de esparto, ahora son de nailon, una fibra más limpia y resistente, las prensas son hidráulicas y permiten efectuar incluso tres prensadas, de las que se obtienen aceites con distinta acidez y calidad. En cuanto a las máquinas continuas, que realizan solas todo el proceso, tienen el inconveniente de que no se adaptan a la mayor parte de las zonas olivareras donde la recolección se efectúa al modo tradicional ya que, para ser rentables, no pueden dejar de funcionar. En la actualidad, para separar los diferentes tipos de líquidos de la pasta de aceituna molida y prensada se utiliza un sistema de balsas de decantación, ya empleado en época de los romanos, que aprovecha la diferente densidad del aceite, o bien máquinas centrifugadoras. Y, por supuesto, la higiene sigue siendo una regla que se cumple escrupulosamente, mientras que las instalaciones han erradicado la creencia de que la luz era perjudicial al proceso y gozan de una iluminación adecuada que facilita la ejecución de las tareas.

Gracias a las modernas centrifugadoras, los diferentes líquidos de la pasta de aceituna se separan con rapidez.

Consejos para un buen procesado:

- Es mejor efectuar la recolección cuando la aceituna está algo verde que demasiado madura.
- La aceituna tampoco tiene que ser excesivamente verde, pues su sabor es entonces muy amargo.
- Una vez en el saco, las aceitunas pueden almacenarse como máximo durante tres días y a una temperatura inferior a los 30 °C.
- Máxima limpieza tanto del producto como de los utensilios y máquinas utilizadas.
- La pasta debe calentarse lo justo, y separar el agua del aceite cuanto antes para impedir la descomposición de los glicéridos.
- Se decantará lo más rápido posible el aceite para separarlo de los residuos y evitar que se impregne de los malos olores que desprende el orujo.

El refinado

Se conoce con este nombre o también con el de rectificación del aceite el proceso al que se somete el aceite de oliva defectuoso que no reúne las condiciones necesarias para su consumo, ya sea por su acidez, olor, color o sabor excesivamente elevados. Hay diversas causas que originan aceites defectuosos. Algunas son de orden climatológico, como sequías, ventoleras, heladas, etc., pero también las producen algunas prácticas agrícolas inadecuadas, como el amontonar las aceitunas, su fermentación por exceso de calor, un plazo de tiempo entre la recolección y la molienda demasiado largo o que las aceitunas se enrancien, su mala limpieza, su oxidación, etc., motivos todos ellos suficientes para provocar que las aceitunas lleguen a la almazara en mal estado y el aceite resultante no reúna las condiciones adecuadas.

Los aceites que se dan en estas circunstancias se conocen como aceites lampantes. En algunas zonas representan una cantidad lo bastante elevada como para justificar su transformación en aceites comestibles, ya que actualmente se aprovechan muy poco para la elaboración de candiles, como antaño ocurría.

El *grado de acidez* de los aceites obtenidos por refinación depende de los aceites de oliva vírgenes con que han sido encabezados, pero en ningún caso puede ser superior a 1,5°, como prescribe la legislación comunitaria.

Los tratamientos químicos que se utilizan en el proceso de refinado más importantes son:

Los aceites de oliva destinados al consumo oscilan entre 0,4° y 1,5° de acidez como máximo.

Diferentes instalaciones del proceso de obtención del aceite de oliva en un molino moderno.

Neutralización. Llamada también desacidificación, consiste en neutralizar con sosa (hidróxido sódico) los ácidos grasos libres de los aceites lampantes, es decir, que el ácido oleico no puede ser superior a 1 g por 100 g de aceite. De ellos se obtiene jabón, que luego se separa.

Decoloración. Para llevarla a cabo se añade tierra absorbente, por lo general arcillosa, al aceite. La mezcla resultante se remueve a unos 80 °C de temperatura. Si la decoloración precisada es muy profunda, se hace circular el aceite por una criba con carbón activo, que actúa como filtro. Además este mineral posee diversas propiedades antisépticas que lo hacen recomendable para la alimentación. Por otra parte, es un método muy económico ya que el carbón puede reutilizarse una vez regenerado.

Desodorización. Para erradicar los olores de los aceites impuros hay que calentarlos al vacío, a 150 °C y someterlos paralelamente a una corriente de vapor que arrastre las partículas volátiles responsables del hedor. Con esta operación, que se prolonga unas cuatro horas, el aceite resultante es inodoro e insípido.

Filtrado. Su objetivo consiste en conseguir aceites claros y brillantes. Para ello hay que someter los aceites, previamente colocados en grandes depósitos, a temperaturas muy bajas.

Encabezamiento. Una vez refinados, los aceites resultantes, inodoros, incoloros e insípidos, deben mezclarse con aceites de oliva vírgenes aromáticos y frutados para enriquecerlos y convertirlos en los característicos aceites de oliva que existen en los comercios.

El orujo

Recibe el nombre de orujo el residuo resultante del prensado que contiene todavía algo de aceite y queda como poso en los capachos. A ese aceite, además, se debe añadir el de las almendrillas del interior de los huesos. La extracción de ambos aceites se consigue triturando y sumergiendo en agua caliente los huesos previamente. Luego, la masa resultante se coloca en unos tanques extractores para tratarla con disolventes.

Fragmentos de orujo con las huellas de los cofines impresos.

Antiguamente estos tanques eran una cuba de madera provista de un agitador mecánico que se activaba tras agregar el reactivo al aceite, por lo general sulfuro o tetracloruro de carbono y tricloroetileno. Pero el mal olor que emanaba del primero y su alto grado de inflamación determinó su abandono. Y lo mismo ocurrió con el segundo por la corrosión del hierro que comportaba. En la actualidad se utiliza como disolvente un hidrocarburo derivado del petróleo, el hexano.

Una vez se ha logrado el efecto deseado, hay que proceder a eliminar el disolvente lo cual se consigue calentando la mezcla de aceite y disolvente y pasándola por una corriente de vapor (destilación) que fija el aceite. En cuanto al disolvente, se recupera por condensación y puede emplearse de nuevo. Para enriquecer este aceite también se utilizan otros de oliva vírgenes de buena calidad y su nombre comercial es aceite de orujo de oliva.

Entre los residuos de la fabricación del aceite hay un producto conocido como orujo agotado. De alta capacidad energética, es un magnífico y no contaminante combustible industrial que se ha utilizado como combustible en el centro de refinado. Y del alpechín, un líquido oscuro y mal oliente que escurre de las aceitunas amontonadas, se aprovecha su alto contenido en potasa.

El aceite de oliva virgen extra tiene como máximo 1° de acidez.

Clasificación del aceite

Cada aceite tiene un conjunto de características propias que determinan tanto su calidad como la pertenencia a un tipo o una variedad concretos. Para concretar esas características los especialistas utilizan baremos químicos que les permiten establecer el grado de acidez, la oxidación o la posible existencia de ingredientes específicos y poco habituales en cada composición. Asimismo una cata bien efectuada es un complemento esencial que contribuye a describir de forma amplia sus características organolépticas.

La clasificación de los aceites de oliva viene determinada también por las diferentes variedades de aceitunas utilizadas en su producción. Si se trata sólo de una variedad, el aceite obtenido es monovarietal. Pero se habla de coupage cuando es fruto de la mezcla de dos o más variedades para estabilizar sus virtudes, es decir, para que no varíe excesivamente entre las diferentes añadas.

Con independencia de la variedad y calidad, los aceites de oliva se obtienen del prensado en la almazara. Cada partida de aceitunas puede someterse incluso a tres prensados y acto seguido a filtración, almacenamiento y reposo.

Del primer prensado se extrae el aceite de oliva virgen extra, con una acidez inferior a 1°, y el aceite de oliva virgen fino, que no excede los 2° de acidez. Según la prescripción comunitaria ambos tipos de aceite son aptos para el consumo humano y su clarificación se produce con el reposo.

El segundo prensado proporciona el aceite de oliva virgen, cuya acidez no supera los 3,3°, pero que debe tratarse antes de proceder a consumirlo para reducir su grado de acidez.

La calidad de un aceite está estrechamente vinculada con la variedad o variedades de aceitunas empleadas.

Además de la peculiaridad visual que exhiba, un aceite es más o menos apreciado o valorado según sean sus características organolépticas. Estrechamente relacionadas con la forma en que sus ingredientes aromáticos, gustativos y táctiles activan los sentidos del consumidor, estas cualidades sensoriales dependen de muchos factores. Aunque los más esenciales son el estado de las aceitunas como materia prima, el proceso de obtención del aceite y su almacenamiento en la almazara, no debe despreciarse la importancia que también tiene el envasado posterior y el tipo de envase utilizado para contenerlo, así como la comercialización, el transporte, el almacenamiento y el uso que de él se haga ya que hay un aceite para cada ocasión.

Finalmente, si el residuo del prensado anterior se decanta, se obtiene un aceite que, una vez separado del agua, se conoce como lampante. Con una acidez que rebasa los 3,3°, debe el nombre a que antaño se utilizaba como combustible para lámparas. Al igual que el aceite de oliva virgen, el lampante debe refinarse si se destina al consumo humano.

Cabe señalar por otra parte, que de todos los prensados se desprende un residuo llamado orujo, del que se obtiene el aceite de orujo. Se trata del único aceite de oliva que no se extrae por presión sino gracias a someter el residuo a un proceso de lavado, extracción con disolventes (hexano, tricloroetileno y sulfuro de carbón son los más frecuentes), neutralización alcalina, refinado, desodorización, decoloración y filtración.

Para clasificar un aceite deben analizarse sus diferentes características organolépticas.

Características importantes a tener en cuenta en un aceite son su limpidez, transparencia e intensidad de color.

Acidez y sabor

La proporción de ácidos grasos libres que contiene un aceite determina su acidez, que siempre se expresa en grados. Pero esta graduación no guarda relación directa con el sabor. Es decir, un aceite de oliva virgen extra, cuya acidez es siempre muy baja, no es insípido sino que su sabor es amplio e intenso.

La acidez informa sobre el nivel de elaboración que ha generado un aceite de más o menos calidad, pero no incluye las características organolépticas del producto. En realidad, la pulpa de la aceituna contiene las sustancias que proporcionan el sabor, olor y color del aceite de oliva. El aceite de oliva virgen extra tiene una puntuación organoléptica mínima del 6,5, mientras que el aceite de oliva virgen fino oscila entre el 5,5 y el 6,5. El resto de aceites no se puntúan pues al no ser aptos para el consumo no se catan.

Uno de los calificativos tradicionalmente empleados para clasificar el sabor del aceite ha sido el de «vigoroso», pero, al igual que ha ocurrido con el vino, no significa que su gusto sea fuerte, al contrario alude a la amplitud de aromas que contiene.

Color

Las tonalidades del aceite de oliva se extienden por una amplia gama de transparencias amarillas que van desde los dorados a los verdosos.

El sabor y el color del aceite dependen del tipo de aceitunas utilizadas.

Las tonalidades del aceite varían en función del grado de madurez de las aceitunas empleadas y de las impurezas con ellas molidas.

Los primeros corresponden por lo general a aceites dulzones obtenidos a partir de aceitunas recogidas muy maduras, a veces en exceso. En cuanto a los amarillos verdosos son propios de los aceites de oliva frutados, algo amargos, por haber utilizado aceitunas de maduración incompleta y por lo tanto algo verdes. En cualquier caso, como muchos consumidores eligen el aceite por el color, hay envasadores que modifican el color natural y le dan el que comercialmente es más solicitado. Esta práctica sería irrelevante si no fuera que el aceite pierde la vitamina A si se somete a un proceso de decoloración exagerado.

Propiedades positivas

El grado de madurez de la aceituna influye directamente en las virtudes o propiedades positivas del aceite. Un buen ejemplo es el aroma. Si la aceituna es muy verde, el olor resultante es intenso y acompañado de notas sensoriales que recuerdan a ciertas hojas, hierbas, etc. Este olor recibe el nombre de frutado de aceituna o simplemente frutado. Es fundamental en el aroma de cualquier aceite y obligado en cualquier aceite virgen con personalidad. Pero no siempre el aceite huele a aceituna, sino que también contiene aromas de otras frutas.

En cuanto a las notas verdes, complementarias habituales de los frutados, además de las de hoja o de hierba, pueden existir otras relacionadas directamente con el proceso de elaboración. Así, por ejemplo, si se muele la aceituna con impurezas como tallos, hojas y ramas, la nota verde será dominante y con matices que recuerdan la resina o la retama. En consecuencia, se incrementan las sensaciones de aspereza, astringencia y amargor. Si el aceite carece de estas notas verdes, es un aceite dulce, es decir, que deja sensación de suavidad en la boca al degustarlo. Cabe remarcar además que si la aceituna es muy verde, contiene sustancias fenólicas, que son poderosos antioxidantes y el aceite a que da lugar es amargo y picante, así como áspero y astringente, su color es verde, tiene un frutado muy marcado y acusada nota verde.

En cambio, cuando la aceituna es madura, han desaparecido gran parte de los oxidantes y el aceite es entonces de color amarillo, poco amargo, picante, áspero o astringente y su frutado recuerda a la aceituna madura.

Propiedades negativas

Las provocan los diversos incidentes que pueden acontecer durante el largo proceso que va desde la formación y la recogida de la aceituna hasta que llega al consumidor. Entre las más frecuentes se encuentran las enfermedades o plagas que afectan a la aceituna en el árbol. De las primeras la más habitual es la jabonosa, que produce aceites rojizos y de elevada acidez. Y entre las plagas, la mosca del olivo, causante también de una acidez muy elevada en el aceite.

Es también peligroso que las aceitunas permanezcan demasiado tiempo amontonadas en el suelo, pues cabe la posibilidad de que se enmohezcan y produzcan aroma a moho. Asimismo, en la almazara pueden estropearse, sobre todo si las aceitunas se han dañado durante el vareo, la recogida del suelo o el transporte y sufrir fermentaciones alcohólicas y acéticas que dan lugar a un aceite avinagrado, es decir, con olor a vino o a vinagre. No es raro tampoco que durante el proceso de elaboración adquiera sabor a esparto, especialmente, si se han empleado capachos nuevos elaborados con dicho material, o a metálico si ha estado en contacto largo tiempo con superficies metálicas, o a alpechín si ha sido mal decantado y ha tenido un contacto excesivamente prolongado con las aguas de vegetación.

Por lo que respecta al envase, puede afectar tanto el material con el que esté fabricado, como su estanqueidad u opacidad, el volumen de aire que deja libre el aceite y la temperatura existente en el lugar donde se almacena. La rancidez es el defecto que puede derivarse de estos factores. Cabe señalar además que, si el tiempo en ser consumido es excesivo, se reduce tanto el frutado como las características positivas del aceite.

De las aceitunas maduras se extrae un aceite de color amarillento, poco ácido, sabor dulzón y aroma intenso.

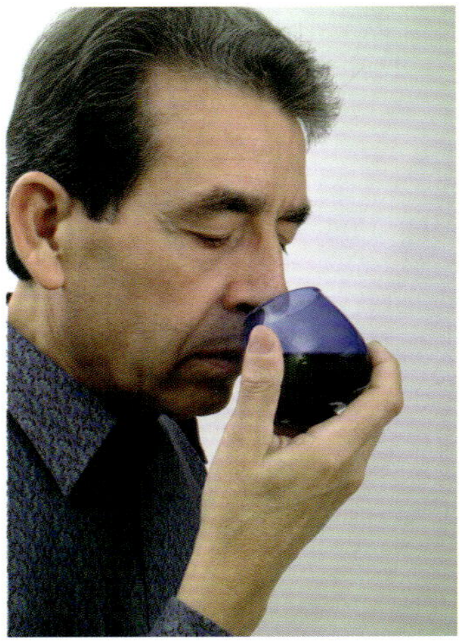

Vista y olfato son dos sentidos esenciales en el análisis y cata de cualquier aceite.

Cata del aceite

Se conoce con este nombre el análisis sensorial al que se somete el aceite al degustarlo. Es decir, mediante la utilización de los sentidos del olfato, el gusto y el tacto se evalúan las características de cada aceite. Esta operación puede hacerla cualquiera que sea capaz de retener en su memoria las impresiones olfativas y gustativas. Se precisa sin embargo una cierta experiencia y práctica continuada para adquirir objetividad e independencia de criterio al juzgar los diferentes líquidos. Y es aconsejable al comienzo seguir las directrices de los expertos.

Los sentidos operan a partir de unos ochocientos estímulos diferentes, responsables de generar las sensaciones. Cuando un catador valora un aceite actúa a través de la identificación de las sensaciones, las interpreta y las clasifica.

Para catar un aceite se precisa una copa acampanada de vidrio oscuro que garantice la estabilidad del producto. Es decir, que evite un posible derramamiento del aceite. Y para que concentre los olores a percibir, su boca debe ser estrecha. Por otra parte, para que los resultados de una cata sean fiables, deben cumplirse ciertos requisitos. El más importante es que el lugar donde se efectúe la degustación sea de aspecto neutro, que la temperatura ambiente oscile entre 20 y 22 °C, y que la humedad se mantenga entre el 60 y el 70 %. También es imprescindible que el catador no esté resfriado y que no haya ingerido alimentos ni fumado por lo menos desde una hora antes de la prueba.

Sensaciones visuales

Gracias al sentido de la vista se capta el color, pero también otras señales, como la limpidez, la consistencia, la transparencia o la intensidad del color.

Limpidez. Esta característica determina el grado de turbiedad del aceite. Es decir, mide las partículas en suspensión e informa de la existencia de dichas partículas como consecuencia de una elaboración defectuosa.

Consistencia. Con esta palabra se clasifica la fluidez de un aceite, que si es bueno será espeso.

Se considera que un aceite es de buena calidad si es limpio, espeso y con aromas intensos y diversos.

Intensidad. Gracias a la intensidad, es decir, fortaleza, profundidad y concentración de un color, se tiene información sobre la madurez de las aceitunas utilizadas.

Sensaciones olfativas

De acusada sensibilidad, el olfato, el más complejo y fino de los sentidos, complementa al gusto. Las partículas odoríferas circulan desde la boca y, a través de la garganta, hasta la nariz, donde confluyen en el bulbo olfativo, situado en la parte más alta de las fosas nasales.

Entre los factores que influyen directamente en la volatilidad de las partículas odoríferas (estimuladoras del centro olfativo) se encuentran la temperatura del prensado y la superficie de la boca de la copa.

Es preciso saber también que el aceite posee sustancias aromáticas, es decir, compuestos volátiles, que, según sea la proporción en que se presentan, se potencian, se anulan entre sí e incluso se enmascaran unas a otras. Esta es la razón que aconseja evitar por completo la presencia de olores ajenos al propio aceite que provocarían errores en su valoración a causa de las interferencias.

Sensaciones gustativas

El gusto es un sentido esencial para valorar y clasificar los aceites. Se activa a través de las papilas linguales, compuestas cada una de ellas por centenares de yemas gustativas.

De los diferentes tipos de papilas existentes, las caliciformes, situadas en la parte posterior de la lengua, y las fungiformes, que se hallan en la punta de la lengua, son las que se ocupan de detectar los sabores específicos, mientras que las papilas filiformes, que se encuentran en el centro de la lengua, son las que delimitan el amplio abanico de sabores que el aceite puede resaltar. En resumen, la punta de la lengua detecta el sabor dulce; los laterales anteriores el salado; los laterales centrales el ácido y la parte posterior el amargo. Además, una sustancia debe estar disuelta en saliva para que genere información de su sabor. Por lo tanto, el paladar detecta durante la cata sólo las sustancias solubles en saliva. Asimismo, el tiempo en que persisten ciertos gustos y aromas que impregnan la cavidad bucal, una vez el aceite la ha abandonado, se conoce como regusto, retrogusto o posgusto.

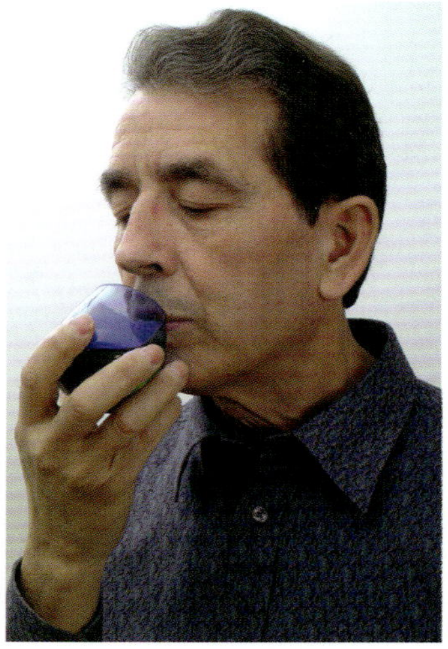

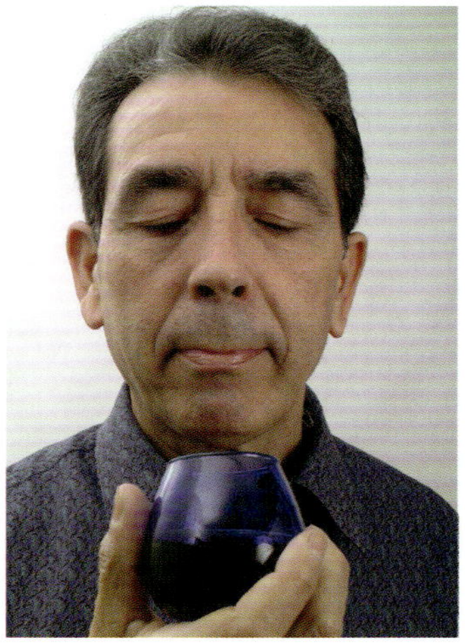

Una vez conocidas las sensaciones táctiles y térmicas, el aceite pasa el definitivo control gustativo.

No hay nada mejor para conocer la calidad del aceite que degustarlo con un simple pedazo de pan.

Sensaciones táctiles

La lengua, los labios, la mejilla y el paladar son los órganos responsables de captar las sensaciones táctiles y térmicas del aceite. Directamente relacionadas con el gusto, las principales sensaciones táctiles son:

Astringencia. Sensación mixta entre sequedad intensa y amargor que la transmiten los taninos y se reconoce por la sequedad y aspereza que comunica un aceite.

Arriba, aceites dispuestos en copas normalizadas para la cata y, a la derecha, pan mojado en aceite, buena forma casera de degustación.

Densidad. Conocida también como cuerpo, viene determinada por la impresión de peso y de densidad que transmiten la carnosidad, la consistencia y la intensidad de los gustos palatales del aceite.

Fluidez. Es una sensación estrechamente relacionada con la consistencia o espesura del líquido.

Picor. Se trata de una sensación incluida en el tacto porque se detecta en los pilares del paladar o en la zona próxima a la garganta.

En las catas profesionales de los aceites se utilizan cabinas totalmente aisladas unas de otras. Son lugares libres de olores, en especial perfumes, que podrían interferir en la impresión recibida directamente del prensado. En su interior, las muestras de aceite se sirven a 28 °C en las copas específicas para ello. El primer paso consiste en oler el aceite depositado en la copa, luego se descansa brevemente, se agita con lentitud el contenido de la copa para que el aceite impregne sus paredes y se repite la acción, cuantas veces sea preciso, para descubrir las notas, virtudes o defectos a describir. Directamente asociadas a las olfativas, las apreciaciones gustativas subrayan los olores gracias a que el calor de la boca incrementa la evaporación de sustancias volátiles y ayuda a confirmar muchas de las notas ya detectadas con anterioridad por el olfato. Y como complemento suman el grado de dulzor, amargor, acidez y salinidad, mientras que los componentes táctiles agregan otras percepciones.

Los Consejos Reguladores de las Denominaciones de Origen informan sobre las variedades de aceitunas empleadas y sus áreas de producción.

Denominaciones de Origen

En España existen diferentes Denominaciones de Origen (DO) que distinguen a los aceites por sus características geográficas y climáticas únicas, correspondientes a las propias de una región determinada, donde el producto se elabora según el método tradicional, aparte de cumplir con unos requisitos de calidad, apreciables a través de análisis químicos y cata. La existencia de un producto con características especiales vinculadas a un nombre y a una zona geográfica es corroborada por la Comunidad Europea, responsable de la normativa de las DO.

Cada Denominación de Origen cuenta con un Consejo Regulador formado por las administraciones, los productores y los comerciantes olivareros. Tiene como fin controlar la calidad de los aceites que protege, analizando sus características organolépticas y fisicoquímicas, las variedades de aceitunas empleadas y su procedencia, así como el registro de almazaras o el proceso de elaboración utilizado.

En la actualidad España cuenta con las siguientes Denominaciones de Origen: Sierra de Segura, Sierra de Cazorla, Sierra de Mágina, Campiñas de Jaén, Baena, Priego de Córdoba, Montes de Granada, Poniente de Granada, Sierra de Cádiz, Estepa y Antequera, en Andalucía, Montes de Toledo, en Castilla-La Mancha, Monterrubio y Gata-Hurdes, en Extremadura, Siurana, Baix Ebre-Montsià, Les Garrigues y Terra Alta, en Cataluña, Aceite de Mallorca, en las Islas Balea-

Uno de los cometidos de los Consejos Reguladores consiste en velar por el correcto etiquetado de los envases.

La reglamentación de las Denominaciones de Origen (DO) garantiza tanto el origen geográfico de procedencia de las aceitunas y las variedades empleadas como la elaboración y la calidad obtenida. Para lograr el primer objetivo. Las DO delimitan la zona donde se cultivan unas variedades específicas, mientras que efectúan un registro no sólo de las almazaras, sino también de las empresas envasadoras y exportadoras que intervienen en cada una de ellas para controlar de forma efectiva el proceso de producción y la calidad resultante. A excepción de las empresas exportadoras, el resto de instalaciones deben estar situadas en el interior de la zona de producción delimitada.

res, Aceite del Bajo Aragón y Somontano, en la comunidad aragonesa y Aceite de la Rioja, en la comunidad de este nombre. Estas comunidades concentran la mayor parte del aceite cosechado en España. Para una mejor comprensión de sus paralelismos y diferencias, efectuamos una síntesis de sus principales características, agrupándolas por comunidades.

Andalucía

Región olivarera por antonomasia, en esta comunidad se encuentran las mayores extensiones de España dedicadas al cultivo del olivar. Las diferencias climáticas y orográficas que ofrece Andalucía han permitido una amplia variedad de tipos de aceitunas y, por lo tanto, de aceites. No es raro pues que sólo ella cuente con la mitad de las Denominaciones de Origen españolas. De larga tradición en toda la comunidad andaluza, el cultivo del olivar es uno de los pilares de su economía pues constituye un tercio del total producido por la Unión Europea.

Cantado por poetas como elemento distintivo de sus gentes, el olivo cubre grandes extensiones del territorio andaluz.

Sierra de Segura. Esta DO se extiende por la comarca Sierra de Segura y el municipio de Chiclana, perteneciente a la comarca de Sierra Morena, en el noroeste de la provincia de Jaén. La topografía escarpada de la zona dificulta el trabajo, y el olivar comparte espacio con densas masas forestales. Lo ondulado del terreno permite una buena luminosidad que preserva a los olivos de las temidas heladas. El clima abarca el templado mediterráneo y el subtropical, con una temperatura media anual de 17 °C y una pluviometría media superior a 700 mm. La variedad principal es la Picual, que responde también al nombre de Lopereña, Marteña o Nevadillo. Los aceites presentan gran resistencia a la ranciedad; son frutados y con gran personalidad organoléptica. Se elaboran con un mínimo del 90 % de la variedad Picual. El resto corresponde a otras variedades destacables, como Manzanilla de Jaén, Hojiblanca y Verdilla.

Sierra de Cazorla. Con aceites frutados, dulces y de color amarillo pajizo, esta DO se produce en tierras del sudeste de la provincia de Jaén, en la comarca Cazorla-Segura y la Sierra de las Villas, donde el olivar, principalmente de la variedad Picual y en mucha menor proporción de la Royal, ocupa las laderas de las sierras.

Sierra Mágina. Se trata de una DO producida por los olivares de la omnipresente variedad Picual, junto con unos pocos de Picuda, Hojiblanca y Manzanilla de Jaén. Se cultivan el parque natural del mismo nombre, dentro de la comarca jienense de la Sierra Sur, estribación de la cadena Bética, de muy variada topografía. Con ellos se elaboran aceites cuyo rasgo más sobresaliente es la gran estabilidad que ofrecen, sabor frutado y tendencia a amargar. En función de la época de recolección, el color varía del verde intenso al amarillo dorado.

Campiñas de Jaén. Esta DO ocupa una inmensa superficie, la más extensa de España, que se extiende por tierras del norte y el oeste de la provincia de Jaén. Sus aceites, aromáticos, frutados, y ligeramente amargos, se producen con las variedades Picual y Arbequina.

DENOMINACIÓN DE ORIGEN SIERRA DE CAZORLA

sierra mágina DENOMINACIÓN DE ORIGEN Consejo Regulador

Etiquetado que identifica a dos de los aceites que se producen en las áreas montañosas del sur de Jaén.

Baena. Producida por los olivares de la zona situada al sudeste de la provincia de Córdoba, esta DO comprende la franja sur de la comarca Nevadillo-Campiña y se adentra en las vecinas Campiña y Penibética. El terreno, muy variado, va desde suaves ondulaciones a escarpadas pendientes, en la Sierra Penibética, lo que da suelos asimismo variados, calizos y de margas triásicas. El clima es subcontinental semihúmedo, con veranos secos y una pluviometría media anual de 800 mm. Las variedades cultivadas son, como principal, la Picuda, también conocida como Carrasqueña de Córdoba, Hojiblanco, Picual, Chorrúo o Jardúo, Lechín y Pajarero. Los aceites, cuyos colores oscilan entre el amarillo verdoso y el verdoso ligeramente dorado, se componen como mínimo con el 60 % de la variedad Picuda. Se caracterizan por tener aromas y sabores frutados intensos, ligeramente amargos, aunque a veces también son frutados maduros.

Priego de Córdoba. Es una DO cuyos aceites son ligeramente frutados, dulces y de color amarillo lechoso. Se produce en el área sudoriental de la provincia de Córdoba, en la comarca Penibética con las variedades Picuda, que ocupa en torno al 70 % de la superficie olivarera, Picual y Hojiblanca.

Los olivos de la variedad Picuda son predominantes en las tierras cordobesas.

Figura inseparable del paisaje rural andaluz, el olivo ha sido y sigue siendo uno de los motores económicos de esta comunidad.

Montes de Granada. Con el nombre de la comarca natural situada en la subbética granadina, esta DO rinde homenaje a una zona olivarera tradicional muy antigua. En ella rige un clima mediterráneo continental de inviernos largos y fríos y veranos calurosos y secos. Sus aceites, amarillos, muy aromáticos y ligeramente amargos, se obtienen con un 80 % de Picual, mientras el resto lo componen otras variedades como Hojiblanca, Lechín, Gordal y algunas autóctonas de la provincia.

Picual y Hojiblanca son las variedades predominantes en los olivos de la provincia de Granada.

Poniente de Granada. Constituida por una gran diversidad de variedades, si bien dominadas por Hojiblanca en primer término y Picual a corta distancia, esta DO la producen los olivares de las comarcas occidentales de Granada, fronterizas con Málaga y Jaén. Sus aceites, de aromas afrutados, tienen una coloración amarilla de gamas verdes y doradas.

Sierra de Cádiz. En esta DO intervienen olivares de múltiples variedades con predominio de Lechín de Sevilla. Los aceites que producen son claros, limpios y de aroma intenso, ligeramente amargo y algo picante. Los olivares que la hacen posible están situados en tierras muy escarpadas de las provincias de Cádiz y Sevilla que no permiten la mecanización de las labores agrícolas.

Estepa. Es una DO que se extiende por la comarca de Estepa, en el rincón sudeste de la provincia de Sevilla. En ella predomina la variedad Hojiblanca, y algo de Lechín y Manzanilla. Los aceites son sabrosos, afrutados y tienen un color claro.

Antequera. Los olivares que producen esta DO están situados en alturas que oscilan entre los 400 y 600 m y sometidos a un clima seco con grandes oscilaciones termales estacionarias. El

Los aceites resultan definidos por las características organolépticas y físicas que poseen las aceitunas:

- Las aceitunas sanas y frescas dan aceites afrutados cuyo color tiene tonalidades amarillas.
- De las aceitunas sin madurar se obtienen aceites verdes.
- Las aceitunas maduras proporcionan aceites dulces y amarillentos. Pero si la madurez es excesiva, el líquido resultante es blanco.
- Si las aceitunas se han prensado con impurezas (tallos, hojas y ramas) producen aceites amargos.

En general, los mejores aceites son opacos y densos, no excesivamente claros y transparentes. Y cuando son turbios demuestran que han sido exprimidos en fechas recientes.

En los llanos castellanomanchegos los olivos conviven con otros cultivos.

aceite que producen es muy equilibrado y en él interviene en un 90 % la variedad Hojiblanca, mezclada con Manzanilla, Arbequina y Picual.

Castilla-La Mancha

La producción de Castilla-La Mancha ronda el 6 % del total nacional, cifra que sorprende por tratarse de una zona en la que impera un clima continental, en principio inapropiado para el cultivo del olivo. En las cinco provincias que componen la región, Guadalajara, Toledo, Ciudad Real, Cuenca y Albacete, coexisten dos modalidades de cultivo. En una de ellas, la de llanura, el olivar acompaña a los viñedos, y la otra corresponde a la de montaña, que ocupa lugares accidentados.

Montes de Toledo. La mayor parte de la producción de esta DO se concentra en la comarca Montes de Toledo, que comprende parte de la provincia homónima, en las estribaciones al norte de los montes que le dan nombre, y parte de la de Ciudad Real. La variedad dominante en ella es la Cornicabra, que ocupa el 98 % de la extensión total de terreno cultivado, mientras que, con carácter testimonial, también se encuentra la variedad Manzanilla. Los aceites que aquí se elaboran destacan por dar sensación de densidad, tener el color dorado, el olor fresco y el aroma afrutado, algo amargo y picante pero muy equilibrado.

El aceite Montes de Toledo se obtiene casi por completo de la variedad Cornicabra.

MONTES DE TOLEDO

CONSEJO REGULADOR
DE LA DENOMINACION
DE ORIGEN DE ACEITE

Extremadura

Menos productiva que otras zonas, Extremadura apenas representa el 3 % de la producción total nacional de aceite. Sin embargo, se trata de aceites que se caracterizan por poseer gran estabi-

Los olivares extremeños producen aceites muy sabrosos, aromáticos y con personalidad propia.

lidad, ser frutados, aromáticos y presentar, en su mayor parte, un hermoso color amarillo-verdoso. Las distintas variedades que se cultivan es la causa de que puedan encontrarse aceites con personalidades diferenciadas.

Monterrubio. Esta DO se extiende por la comarca de La Serena, en la zona oriental de la provincia de Badajoz. Las variedades que allí se desarrollan son Cornezuelo, Picual, Verdial, Morisca, Manzanilla y Corniche. De ellas se obtienen unos aceites cuyo color oscila entre el amarillo y el pardo-verdoso, mientras que el olor es frutado y el sabor tirando a dulce.

Gata-Hurdes. Nombre que recibe la DO dominada por la variedad Cacereña que ocupa la comarca con mayor tradición olivarera de la provincia de Cáceres. Se extiende por terrenos bastante llanos y los aceites que produce resultan dulzones y de color amarillo oro.

La producción de la Denominación de Origen Gata-Hurdes es reducida pero exquisita.

Cataluña

En Cataluña, el olivar tampoco alcanza el 3 % de la producción nacional. Acostumbra a acompañarse de almendros, viñedos y, cada vez menos, algarrobos, lo que confiere un aspecto peculiar al paisaje. Pero los aceites de esta comunidad son de excelente calidad y se han consolidado en el mercado internacional, al que destina buena parte de su producción. Se obtienen según métodos tradicionales muy particulares basados en una temprana recolección y molturación.

Siurana. Esta DO abarca la cuenca de un afluente del Ebro, el río Siurana, extendiéndose por las estribaciones de la Sierra de Montsant y áreas del campo de Tarragona. El olivar se encuentra instalado básicamente sobre bancales, estructuras que han permitido ganar tierra cultivable a las laderas de una zona bastante montañosa, de clima seco y templado. Sus aceites se caracterizan por ser muy equilibrados, de agradable sabor, que recuerda la almendra verde y la manzana. Se obtienen de las variedades Arbequina, la más importante, pero también de Royal y Morruda.

Potentes y densos, los aceites de la Denominación de Origen Siurana se producen exclusivamente con aceitunas arbequinas.

Baix Ebre-Montsià. Los aceites que tienen esta Denominación de Origen son de color entre dorado y verdoso, gustosos y frutados. Proceden de las variedades Farga, Morruda y Sevillana, que se cultivan en la zona olivarera más antigua de Cataluña, la que se extiende desde la Sierra de Cardó, pasa por Tortosa y llega a las llanuras de Ulldecona, ya en el límite con la provincia de Castellón, con la que forma una misma unidad natural en cuanto a las variedades cultivadas y calidad del aceite.

Les Garrigues. En esta DO intervienen las variedades Arbequina y Verdiell, que se desarrollan en las comarcas de Les Garrigues, Segrià Sur y la zona más meridional del Urgell, situadas todas ellas al sur de la provincia de Lérida y caracterizadas por tener un clima muy seco. Proporcionan aceites frutados, con fragancias que recuerdan la almendra verde, la manzana y otros frutos verdes. Su sabor es algo amargo y ligeramente picante.

De estilo modernista, la Cooperativa de Pinell de Brai, Tarragona, canaliza la producción de aceite y vino de su entorno.

Protagonista indiscutible, el olivar se extiende en ordenadas hileras hasta perderse en el horizonte por los alrededores de Mont-roig, población del campo de Tarragona.

Con siglos de experiencia, los aceites de Terra Alta y de Mallorca utilizan variedades parecidas.

Terra Alta. De larga tradición olivarera, esta comarca tarraconense da nombre a una DO constituida básicamente por la variedad Empeltre, aunque también intervienen otras, como Arbequina, Morruda y Farga. Sus aceites, limpios y transparentes, con tonalidades que oscilan del amarillo pálido al dorado, son frutados y dulces, con fragancias de la nuez y la almendra verdes.

Baleares

En esta comunidad insular el cultivo del olivar es una tradición muy antigua que durante siglos constituyó uno de los pilares de su economía. Prueba de ello es que aquí existen algunos ejemplares casi milenarios. La mayoría de estos cultivos están situados en terrazas por encontrarse en terrenos de montaña. Otra particularidad de este territorio consiste en que la recolección de la aceituna es más temprana que en otras zonas de la península Ibérica a causa de las condiciones propias del clima mediterráneo, que se caracteriza por temperaturas templadas, inviernos suaves y veranos secos y calurosos.

Mallorca. En esta DO intervienen las variedades Arbequina, Empeltre o Mallorquina y Picual. Se caracteriza por producir aceites de aromas intensos y sabores que, dependiendo del grado de maduración de las aceitunas, serán más o menos afrutados y dulces o picantes y amargos. También los colores varían según el grado de madurez entre el amarillo verdoso y el amarillo dorado.

Aragón

En esta comunidad se produce el 1 % del total nacional, cantidad que no revela la importancia que supone en la tradición de la región el cultivo del olivo. De sus provincias, en Huesca, las almazaras que se engloban en la denominación Aceite del Somontano, agrupación comarcal, en la

En las zonas montañosas de Mallorca, los olivos se cultivan sobre bancales con métodos manuales.

Cultivo tradicional, el olivar del Somontano, Huesca, produce un aceite de extraordinaria calidad.

actualidad, en trámite de obtener la calificación de DO, producen aceites de excepcional cualidad a partir de diversas variedades, siendo mayoritarias la Verdeña, autóctona, muy afrutada, y la Empeltre. Si el Alto Aragón es sinónimo de gran calidad, Teruel es la que más produce y muchas poblaciones de esta provincia, tales como Alcañiz, Calaceite o Calanda, han ganado un merecido prestigio por el aceite que elaboran.

Bajo Aragón. Es una DO cuyos aceites se obtienen, básicamente, a partir de la variedad Empeltre, acompañada por Arbequina y Royal en menores proporciones. Sus olivares se cultivan en explotaciones pequeñas, de tipo familiar, repartidas por las comarcas del Bajo Aragón turolense y zaragozano. Y los aceites resultantes se caracterizan por ser muy delicados y tener el aroma afrutado, agradable sabor y color dorado.

Las aceitunas de la variedad Royal proporcionan personalidad a los aceites del Bajo Aragón.

La Rioja

Introducido por los romanos, el cultivo del olivo es tradicional en esta comunidad de clima mediterráneo continental, con inviernos suaves y veranos largos. Desde la antigüedad se han aprovechado sus productos tanto para el consumo como por sus cualidades medicinales o como combustible. Los olivares se cultivan en suelos ricos en caliza, arcillas, limos y arenas provistos de un buen drenaje. Cuenta con una única DO, que abarca la totalidad de la comunidad y recibe su mismo nombre. Sus aceites se caracterizan por tener un sabor afrutado muy intenso a aceituna verde, con matices que recuerdan el plátano y las fresas.

Durante un año los aceites de oliva virgen conservan sus características y cumplen las exigencias de los paladares más exigentes. Transcurrido ese tiempo, caducan y empiezan a perderlas, aunque todavía son aptos para el consumo. Para conservarlo con las máximas garantías, el aceite debe estar situado en un recipiente que cierre bien y evite que la humedad ambiental lo vuelva rancio. Es aconsejable tenerlo tapado siempre, incluso el que se usa. Los recipientes de plástico, vidrio o cerámica vidriada por dentro son adecuados para su conservación, aunque deben llevar algún filtro lumínico si son transparentes. También los de lata, siempre que estén limpios y pulido su interior, resultan idóneos para mantener intactas sus cualidades durante un tiempo prolongado. En cambio, no debe conservarse nunca en recipientes de hierro o de cobre, pues el óxido o cardenillo de estos metales pueden estropearlo.

Las zonas olivareras de España

Además de las DO, en España existen otras zonas olivareras de excelente calidad. La única diferencia es que el aceite que producen sufre mayores oscilaciones por causas como el clima y otros factores difíciles de controlar. Unas y otras fueron reconocidas de forma oficial por el Ministerio de Agricultura en 1972, año en que se elaboró un mapa que todavía sigue vigente y divide en 10 zonas la superficie peninsular dedicada al cultivo y explotación del olivo. Son las que a continuación se detallan:

De alto rendimiento, las aceitunas de la variedad Empeltre son predominantes en las zonas 8.ª y 9.ª.

Zona 1.ª o Picual

Con una importancia que atestiguan las DO Sierra de Segura, Sierra de Cazorla y Sierra Mágina, en ella la variedad de aceituna dominante es la Picual. Se extiende por unas 600.000 hectáreas de la provincia de Jaén, la comarca de Iznalloz, al norte de la provincia de Granada, y la comarca de Bujalance, al este de la provincia de Córdoba.

Zona 2.ª u Hojiblanco

Esta variedad da nombre a una zona olivarera de 390.000 hectáreas que ocupa casi toda la provincia de Córdoba, a excepción de las comarcas de Bujalance y La Carlota, junto con las comarcas de Loja, en Granada, Estepa, en Sevilla, y Antequera, en Málaga. Baena y Priego de Córdoba son las Denominaciones de Origen que en ella se dan.

Zona 3.ª o Andalucía Occidental

Con unas 200.000 hectáreas de olivar que se extienden por las provincias de Cádiz, Huelva y Sevilla, a excepción de la ya mencionada comarca de Estepa, además de la comarca de La Carlota en la provincia de Córdoba. Las variedades de aceituna que en ella predominan son muy heterogéneas, pues las de almazara Lechín de Sevilla y Verdial de Huévar coexisten con otras de mesa, como Manzanilla y Gordal Sevillana.

Zona 4.ª o Andalucía Oriental

Sus olivares abarcan unas 100.000 hectáreas de las provincias de Almería, Granada, excepto la comarca de Iznalloz y Loja, y Málaga, con la salvedad de la comarca de Antequera que pertenece a otra zona. Lechín de Granada, Verdial de Vélez-Málaga, Añoreña y Picual de Almería son las variedades cultivadas en ella.

Los olivos se pierden en el horizonte en municipios como el de Ronda, perteneciente a la zona 4.ª.

Zona 5.ª u Oeste

Se extiende a lo ancho de 250.000 hectáreas por las provincias extremeñas de Cáceres y Badajoz y las castellanas de Ávila, Salamanca y Zamora. En ella se desarrollan variedades tan diversas como Manzanilla Cacereña, Manzanilla o Carrasqueña de Badajoz, Morisca, Verdial de Badajoz y Cornicabra.

Zona 6.ª o Centro

Dominado por la variedad Cornicabra, el olivar ocupa una superficie de 300.000 hectáreas que se extiende por las comunidades de Madrid y Castilla-La Mancha.

Zona 7.ª o Levante

En ella las variedades más cultivadas son Blanqueta, Villalonga, Changlot Real, Lechín de Granada o Cornicabra. Ocupa unas 75.000 hectáreas del centro y sur de la Comunidad Valenciana y la de Murcia por completo.

Zona 8.ª o Valle del Ebro

Con una extensión de 55.000 hectáreas, incluye las comunidades de Aragón, La Rioja, Navarra y la provincia vasca de Álava. La variedad dominante es la Empeltre y el Somontano y la DO Bajo Aragón atestiguan su calidad.

Los olivos son omnipresentes en Andalucía, comunidad con cuatro de las diez zonas olivareras españolas.

Zona 9.ª o Tortosa-Castellón

La superficie de sus olivares ocupa unas 80.000 hectáreas de la franja formada por el Baix Ebre-Montsià de Tarragona y la provincia de Castellón. Farga, Morrut, Sevillana o Empeltre son las variedades que en ella predominan.

Zona 10.ª o de la Arbequina

Con una importancia que atestiguan diversas DO, en ella la variedad de aceituna dominante es la Arbequina. Esta variedad se cultiva de forma dominante en Cataluña, salvo en las comarcas de Baix Ebre y Montsià, ambas en Tarragona, y Baleares.

eta mediterránea•dieta mediterránea

Recetario

Dieta mediterránea

dieta mediterránea•dieta mediterrán

Alcachofas rellenas gratinadas

6 personas

40 minutos

sencilla

Ingredientes

12 alcachofas

3 cucharadas de harina

100 g de jamón

100 g de crema de queso

1 escalonia

300 ml de leche

medio limón

sal

pimienta blanca

aceite

Elaboración

Cuando se limpien las alcachofas, hay que tener preparado un cuenco con agua y el jugo de un limón para introducirlas en él, una vez desprovistas de las hojas más verdes y duras. De este modo se evita que se oxiden y tomen un desagradable color negruzco. Mientras, se calienta una cazuela con agua. Una vez limpias y bañadas en agua con limón, las alcachofas se cuecen al vapor, durante unos 10 minutos aproximadamente. Luego se sazonan con sal y se reservan.

Aparte, en una sartén con un poco de aceite, se rehoga la escalonia, finamente picada, hasta que quede transparente y suavemente dorada. A continuación, se agrega la harina y se mezcla para formar una pasta uniforme, antes de incorporar lentamente la leche, sin dejar de remover para que no se formen grumos, al tiempo que se liga la salsa bechamel.

Se cuece durante unos 10 minutos, agregando leche si es preciso y removiendo continuamente hasta que la bechamel adquiera la textura cremosa adecuada. Se sazona con sal y pimienta blanca y se incorpora el jamón cortado a pequeños trocitos y la crema de queso. Se remueve de nuevo para que quede bien ligada y se rellenan con esta mezcla las alcachofas, colocándolas luego en una bandeja refractaria, previamente engrasada. Cuando el horno está caliente y con el gratinador a punto, se cuecen a temperatura media durante unos 10 minutos, hasta que la parte superior quede bien gratinada. Se sirven calientes.

Arroz a banda

4 personas

40 minutos

dificultad media

Ingredientes

500 g de arroz

1 kg de pescado y marisco variado

1 diente de ajo

1 cucharada de puré de tomate

cebollino

azafrán

pimentón

salsa alioli

sal

pimienta en grano

aceite de oliva

Elaboración

Para elaborar este típico arroz marinero, muy popular desde las costas de Murcia hasta las de Barcelona, se necesitan diferentes especies de pescado y marisco (dorada, cigalas, gambas, mejillones, rape, cabezas de pescado, pequeños pescados de roca, etc.). Limpios y bien lavados, se colocan en una cazuela con 1,5 l de agua con sal, pimienta y cebollino, y se hierven durante unos 20 minutos. Cuando ya están cocidos, se cuelan y se reservan por separado el caldo y el pescado.

Mientras se cuece el pescado, se prepara un picadillo con el diente de ajo pelado, sal y unas hebras de azafrán tostado. Cuando está bien majado, se diluye con un poco de caldo y se reserva. A continuación, en la paella donde luego se hará el arroz, se calienta un poco de aceite y se echa el puré de tomate, el picadillo y el pimentón. Se cuece durante unos 5 minutos sin dejar de remover para evitar que se queme. Cuando ya está cocido, se incorpora el arroz y se cuece en seco un par de minutos removiendo continuamente para que el calor tueste por igual todos los granos, que además se empapan del sofrito.

Se vierte sobre el arroz 1 l de caldo hirviendo (debe tenerse la precaución de calentarlo mientras se realizan los procesos anteriores) y se mezcla bien. Se cuece a fuego vivo durante 10 minutos, pasados los cuales lo dejamos cocer otros 10 minutos a fuego muy suave, rectificando de sal y agregando un poco de caldo caliente, si es preciso. Finalizada la cocción, se retira la paella del fuego y se deja reposar durante otros 5 minutos sobre un paño de cocina húmedo. Mientras, se calienta el pescado y el marisco, que se sirven aparte del arroz. Suele acompañarse con un poco de salsa alioli, pero es una opción que depende de las preferencias de los comensales.

Arroz con setas

4 personas | 40 minutos | dificultad media

Ingredientes

500 g de arroz

300 g de setas variadas (robellones, trompetas, rebozuelos, etc.)

150 g de jamón serrano

3 dientes de ajo

1 limón

1 l de caldo de pollo

perejil

sal

pimienta

aceite de oliva

Elaboración

Arroz y alcachofas son dos ingredientes típicos de la cocina mediterránea que combinan a la perfección y se encuentran en multitud de exquisitas preparaciones de esta célebre, sana y equilibrada tradición gastronómica. Para elaborar esta receta, previamente deben limpiarse las setas. Se lavan bajo un chorro de agua fría, frotándolas con los dedos, o ayudándonos de un cepillito, para quitarles la tierra que suelen tener. Una vez lavadas, se cortan en trozos no muy pequeños.

En una cazuela aparte, con un poco de aceite en el fondo, se sofríen los ajos, pelados y picados, y el arroz durante 5 minutos. Luego, se incorporan las setas y se prosigue la cocción otros 2 minutos. Mientras, se calienta el caldo de pollo y, cuando hierve, se vierte sobre el arroz. Se sazona con sal y pimienta y se cuece a fuego muy vivo durante los primeros 10 minutos. Luego se reduce el fuego al mínimo y se cuece otros 10 minutos. En esta fase se agregan el jamón y el perejil picados finamente y se rectifica de sal y pimienta, si es preciso. También puede agregarse un poco más de caldo (o agua en su defecto), siempre que esté hirviendo, para que el arroz cocido no quede ni muy seco ni muy caldoso, pero sí algo espeso.

Arroz con uvas pasas y nueces

4 personas — 30 minutos — sencilla

Ingredientes

4 tazas de arroz

6 tazas de caldo vegetal o de pollo

1 cucharada de curry

1 diente de ajo

1 taza de uvas pasas

1 taza de nueces

sal

aceite de oliva

granada (opcional)

Elaboración

Esta receta, típica de la cocina mediterránea del Próximo Oriente y el Magreb, tiene fuertes reminiscencias en el subcontinente indio y, en la actualidad, se ha difundido por muchos países ribereños del Caribe. En la India esta preparación suele hacerse con arroz basmati, en cambio en los restantes territorios la variedad más empleada es el blanco de grano largo. Para elaborar este sabrosísimo plato, lo primero que debe hacerse es lavar varias veces el arroz con agua fría, escurrirlo bien y reservarlo. Asimismo, hay que poner las uvas pasas en remojo durante unos 30 minutos y escurrirlas. Mientras, en una cazuela con 3 cucharadas de aceite de oliva en el fondo, se sofríe el diente de ajo previamente picado, sin dejar de remover para que no se queme. Cuando está algo dorado, se agregan el caldo, el curry y un poco de sal y se mezcla todo bien. Cuando empieza a hervir, se incorpora el arroz y se tapa hasta que arranca el hervor. Entonces se reduce el fuego al mínimo y se cuece durante 20 minutos.

Transcurrido ese tiempo, se añaden las uvas pasas, previamente remojadas, y las nueces picadas menuditas, se remueve varias veces para que se mezcle bien todo y se sirve. Puede sustituirse parte del aceite por mantequilla, mientras que las uvas pasas más indicadas son las de Corinto, por carecer de semillas. También se puede acompañar de granos de granada.

Bacalao con verduritas

4 personas | 20 minutos | sencilla

Ingredientes

500 g de bacalao

1 ajo

1 cebolla

1 pimiento

4 patatas

1 calabacín

1 tomate

aceite

Elaboración

Como es natural, si el bacalao es de salazón debe ponerse previamente en remojo durante 24 horas, cambiando el agua al menos dos veces, para desalarlo. E incluso durante algo más de tiempo si los lomos son muy gruesos. Y, al iniciar la preparación, hay que escurrirlos bien. Luego se pelan, lavan y cortan en juliana el calabacín y la cebolla; se lava y pica el pimiento; se pelan, lavan y cortan en rodajas finas las patatas y se lava, pela y trocea el tomate, al que además se le han eliminado las semillas.

En una cazuela se fríe con un poco de aceite todas las verduras. Una vez sofritas, se agregan las patatas y, cuando están casi hechas, se incorpora el bacalao, previamente cortado en cuatro trozos, más o menos iguales. Se colocan sobre las verduras y, según el grosor de los lomos, se dejan cocer entre 5 y 10 minutos. Es importante también darles varias vueltas para que la cocción sea similar en todas partes.

Una vez cocidos, los lomos de bacalao se sirven de inmediato acompañados con daditos de las distintas verduras sofritas. Cabe señalar además, que la cantidad de bacalao indicada para elaborar esta receta se ha calculado como lomo totalmente limpio, sin raspas ni piel y una vez rehidratado y desalado, considerando que procedía de conserva en salazón.

Baklava

4 personas | 45 minutos | sencilla

Ingredientes

500 g de masa de hojaldre

3 cucharadas de miel

mantequilla

3 cucharadas de pistachos

3 cucharadas de almendras crudas o ligeramente tostadas

2 cucharadas de azúcar

1 cucharada de cardamomo

agua de rosas o de azahar

Elaboración

Para preparar este delicioso postre que los turcos difundieron por todos los países de su imperio, es preferible que la masa de hojaldre sea de pastelería, aunque también puede utilizarse la que venden congelada los supermercados. En primer lugar, se elabora el almíbar o jalea calentando en un cazo una taza de agua con las tres cucharadas de miel. Cuando esta última se haya disuelto por completo y el almíbar se haya reducido y tenga una textura aceitosa, se agrega el agua de rosas y se deja enfriar lentamente.

También se prepara la pasta que formará el relleno majando los pistachos pelados, las almendras crudas o tostadas y peladas, el azúcar y el cardamomo en el mortero hasta conseguir una pasta bastante fina, que se amalgama con una bola de mantequilla a continuación.

Luego, se extiende el hojaldre sobre una superficie lisa y fría para que la mantequilla no se funda. Cuando la masa se ha convertido en una lámina fina, se parte en pequeños cuadrados o rombos, que se colocan sobre una placa de horno, previamente untada con mantequilla. Y, sobre cada cuadrado, se coloca una cucharada de relleno. Se rocía con el almíbar o jalea de rosas, se cubre con otra pieza de hojaldre con la misma forma que la de la base y, con un pincel, se barniza la superficie con mantequilla fundida. Se introduce en el horno, previamente calentado a 200 °C de temperatura. Cuando la pasta se ha dorado, se sacan, se enfrían y ya pueden servirse. Se aconseja que la miel sea de flores o plantas cuyo aroma combine con el agua de rosas o de azahar. Así, por ejemplo, puede elegirse miel de flor de naranjo, de milflores y, por supuesto, de rosas.

Berenjenas almerienses

4 personas | 45 minutos | dificultad media

Ingredientes

1 kg de berenjenas

150 g de cebollas

1 zanahoria

4 huevos

50 g de queso rallado

50 g de pan rallado

0,5 l de aceite de oliva

2 clavos de especia

2 o 3 granos de pimienta

hierbabuena

nuez moscada

eneldo

sal

Elaboración

Esta sabrosa y nutritiva receta resulta muy apropiada para todas las edades por estar compuesta de ingredientes triturados y cocidos. En una cazuela grande con agua salada, se hierven las berenjenas, enteras y previamente lavadas. Una vez están cocidas, se escurren y, cuando están frías, se abren por la mitad, se vacía el centro separando la pulpa de las pepitas y se reservan las pieles ahuecadas de las berenjenas. Mientras se hierven las berenjenas, se majan unas hojitas de hierbabuena, los clavos de especia, los granos de pimienta y una pizca de nuez moscada rallada. Se mezcla todo bien y se reserva. A continuación, se pelan y pican las cebollas y la zanahoria y se sofríen en una sartén con un poco de aceite. Cuando están algo doraditas, se agrega la pulpa de las berenjenas, los huevos, el picadillo de condimentos, el queso rallado y la sal y se mezcla bien. Se prosigue la cocción teniendo la precaución de remover con mucha frecuencia para evitar que los ingredientes se peguen o se quemen.

Cuando todo está cocido, se rellenan con este guiso las mitades de berenjena vaciadas, se espolvorean con el queso rallado y se introducen en el horno, previamente calentado a temperatura media, incluido el gratinador. Si el relleno resultara escaso, puede remediarse triturando la pulpa de una berenjena, sofriéndola y agregándola al resto del relleno antes de colocarlo. Esta receta se sirve muy caliente, espolvoreada con eneldo, en cuanto se retira del horno.

Brandada de bacalao

4 personas

45 minutos

dificultad media

Ingredientes

400 g de bacalao salado

400 g de patatas

25 cl de leche

2 dientes de ajo

pan tostado

aceite

sal

pimienta

Elaboración

Paso previo imprescindible es poner el bacalao 24 horas o más en agua fría para desalarlo, cambiando el agua cada 8 horas. Cuando tenga el punto de sal adecuado, se escurre y ya estará listo para ser manipulado. En una cacerola amplia se colocan los trozos de bacalao en el fondo, se cubren con agua fría y se calienta. Al arrancar el hervor, se retira del fuego y se deja reposar durante 20 minutos con la cazuela tapada. Cuando el bacalao se ha cocido, se saca de la cazuela, se le quita la piel, se desespina y se desmenuza.

Paralelamente, en otra cazuela, se ponen las patatas también en agua fría y se cuecen durante 20 minutos. Una vez cocidas, se escurren y se pasan por el pasapurés. A continuación, se colocan el bacalao desmenuzado, el puré de patatas y los dientes de ajo, previamente majados, en una cazuela al baño María. Se calienta y se agrega paulatinamente el aceite y la leche templada sin cesar de remover para elaborar una crema con la consistencia del puré, pero no demasiado espesa. Se rectifica de sal y pimienta, si es preciso, y, cuando la crema de bacalao está lista, se reparte en los diferentes recipientes individuales (deben ser refractarios), se hornea ligeramente y se sirve acompañada con rebanaditas de pan de molde tostado o biscotes.

Calamares a la romana

4 personas

30 minutos

dificultad media

Ingredientes

4 calamares
(500 g de calamar
en anillas)

100 g de harina

2 huevos

25 cl de leche

1 limón

1 hoja de laurel

aceite

sal

Elaboración

Frescos o congelados, si los calamares son enteros, hay que limpiarlos y cortarlos previamente. Este paso puede suprimirse si el producto adquirido son anillas de calamar, ya listas para cocinar. De uno u otro modo, antes de iniciar la preparación, las anillas de calamar se colocan en un recipiente o plato hondo y se rocían con zumo de limón y un chorrito de aceite de oliva; se agrega la hoja de laurel y se dejan en adobo 30 minutos, durante los cuales hay que removerlas varias veces.

Mientras, se prepara la pasta del rebozado, mezclando las yemas de los huevos con la harina y la leche y removiendo bien para que resulte homogénea. También se baten las claras a punto de nieve, que se agregan a la masa anterior justo antes de comenzar a bañar los calamares en ella para rebozarlos. Pasados los 30 minutos del marinado, se escurren las anillas de calamar mientras se calienta una sartén con abundante aceite. Una vez se ha alcanzado la temperatura deseada, se inicia la fritura de las anillas, previamente bañadas en la pasta de rebozado e incorporadas de una en una a la sartén. Cuando están uniformemente doradas por ambos lados, se retiran y se colocan sobre papel absorbente para que suelten el aceite sobrante. Se sirven calientes, junto con unas rodajas de limón, unas hojas de lechuga y salsa mayonesa.

Calçots con salsa romesco

4 personas | 60 minutos | dificultad media

Ingredientes

24 calçots

3 tomates maduros

2 dientes de ajo

6 avellanas

6 almendras crudas

1 rebanada de pan tostado

1 ñora (pimiento seco o choricero)

1 cucharada de vinagre

1 dl de aceite de oliva

sal

Elaboración

Los calçots son los retoños de las cebollas que han sido arrancados de la tierra, vueltos a plantar y asados al rescoldo. Mientras se prepara la lumbre para formar el rescoldo, se elabora la salsa romesco. Para ello, se asan los tomates y los dientes de ajo y se blanquea el pimiento seco. Una vez asados, se pelan los ajos y los tomates, a los que también se quitan las semillas; se colocan en un vaso de la batidora, junto con las almendras, las avellanas y la pulpa del pimiento, y se tritura. Se agrega luego el pan tostado y mojado con un chorrito de vinagre y se bate hasta formar una crema a la que añadiremos lentamente (para que no se corte) el aceite de oliva, hasta formar una emulsión más suave pero con el espesor preciso para que se adhiera a los calçots y no gotee.

Asamos a continuación los calçots en una parrilla colocada sobre los rescoldos sin condimento alguno. Cuando ya están asados, se abren y si sueltan los jugos del interior, es signo indiscutible de que ya se han cocido. Se retiran y se envuelven con papel de horno, paños de cocina o, simplemente, hojas de periódico para que conserven el calor y terminen de confitarse. Se sirven sobre una teja de barro o una fuente de servir y se consumen asiéndolos por un extremo con una mano para extraer las hojas externas con la otra mano y dejar la parte interna, que es la que se baña en la salsa previamente preparada. Las hojas externas se desechan porque están completamente chamuscadas por la lumbre. Una opción más limpia consiste en asarlos al horno, pero su sabor y aroma no son los mismos.

Champiñones salteados

4 personas | 50 minutos | sencilla

Ingredientes

12 champiñones grandes

1 cebolla

1 tomate maduro

medio limón

50 g de jamón serrano

50 g de queso rallado

50 g de mantequilla

25 g de miga de pan

3 cucharadas de leche

perejil

sal

pimienta

Elaboración

Previamente, hay que lavar bien los champiñones, unas setas delicadas que requieren cuidados especiales. Para eliminar la tierra que puedan llevar, se separan los pedículos de los sombreros y ambos se sacuden con suavidad o se limpian con un paño húmedo. Luego se lavan, sin abusar del agua, para que no se ablanden demasiado, y se escurren de inmediato. A continuación, se trituran los pedículos y se colocan en un cazo con un poco de mantequilla, sal y zumo de limón. Se agregan la cebolla a rodajas y el tomate lavado, cortado y sin semillas y se cuece todo a fuego muy suave. Cuando está bien cocido, se salpimienta y se mezcla con la miga de pan, remojada en leche, el jamón, previamente picado, y el perejil, también picado o molido. Con todo ello se forma una pasta con la que se rellenarán más tarde los champiñones.

Mientras, se calienta el horno y se unta con mantequilla la fuente refractaria donde se van a cocer y más tarde se servirán los champiñones. Éstos se colocan con las láminas de los sombreros boca arriba y, sobre cada uno de ellos se pone una avellana de mantequilla. Luego, se introducen en el horno, donde se cuecen por espacio de unos diez minutos. Transcurrido ese tiempo, se saca la fuente del horno y se rellenan los sombreros de los champiñones con la mezcla preparada previamente. Se reintroducen en el horno y se cuecen durante una media hora. Cinco minutos antes de finalizar la cocción, se espolvorean con queso rallado. Se sirven calientes, espolvoreados también con perejil picado.

Colas de langosta con espárragos

4 personas | 50 minutos | sencilla

Ingredientes

4 colas de langosta

1 manojo de espárragos

50 g de manteca de cerdo

2 dientes de ajo

1 limón

zumo de limón

media taza de ron negro

media tacita de vinagre de vino

1 ramita de tomillo

perejil

sal

pimienta

Elaboración

Previamente, se lavan las langostas y, todavía vivas, se separan las cabezas de las colas y se cortan estas últimas por la mitad. En una sartén de diámetro grande, se funde la manteca. Una vez caliente y licuada, pero sin quemarse, se agrega una cucharadita de perejil picado y otra de zumo de limón, los dientes de ajo picados, sal y pimienta, y se rehoga todo ligeramente. Luego se incorporan las colas de langosta, previamente lavadas y abiertas por la mitad, y se saltean brevemente. A continuación, se riega todo con el ron, se calienta y se flambea. Cuando el ron se haya evaporado, se incorpora el vinagre, se rectifica de sal y pimienta y se cuece hasta que se reduzca un poco la salsa. En cuanto las colas de langosta estén cocidas, se separa la carne del caparazón y se reservan en un lugar caliente para evitar que se enfríen.

Aparte, en otra sartén con el fondo cubierto de aceite, se saltean los espárragos (mejor que sean trigueros) espolvoreados con una pizca de sal. Cuando todo está listo, se componen los platos con las colas acompañadas por los espárragos y unas rodajitas de limón; se espolvorea todo con unas hojitas de tomillo y, si se desea, se adereza con una salsa de mayonesa ligera que puede ser de tarro o bien preparada manualmente. En este caso, es preferible elaborarla poco antes de servirla.

Ensalada de escarola

4 personas | 15 minutos | sencilla

Ingredientes

1 escarola

1 cebolla pequeña

2 tomates

1 pimiento rojo

1 zanahoria

1 diente de ajo

1 limón

pan tostado

sal

pimienta

aceite de oliva

Elaboración

Previamente, deben prepararse todos los ingredientes que componen esta ensalada. En primer lugar, se lavan bien las hojas de escarola, introduciéndolas en un recipiente con agua fría. Luego, se escurren, se secan y se cortan en trozos pequeños. También se pela la cebolla y se corta en finas rodajas; se lava el pimiento, se le quitan las semillas y se corta en aros de poco grosor; se lavan y cortan los tomates en gajos (optativamente pueden presentarse pelados y sin semillas); se raspa la piel de la zanahoria y se corta en rodajitas una vez se ha lavado. Asimismo, se tuestan o fríen, es optativo, las rebanaditas de pan.

Aparte, en un mortero, se maja un diente de ajo pelado y se agrega el zumo de limón, aceite, sal y una pizca de pimienta negra recién molida. Y se bate todo bien con uno o dos tenedores hasta formar una particular vinagreta.

Poco antes de servir esta ensalada, se echa la escarola en una ensaladera y, por encima, se colocan los trozos de tomate, las rodajas de cebolla y zanahoria y los aros de pimiento. Se riega con la salsa toda la preparación y se introduce brevemente en el frigorífico para refrescarla. Al servirla, se puede decorar colocando en el centro de la ensalada media cáscara de limón rellena de daditos de pimiento rojo y las rebanaditas de pan tostado alrededor del borde. Estas últimas pueden servirse también aparte, en otra fuente.

Ensalada de pepinos con salsa de yogur

4 personas | 15 minutos | sencilla

Ingredientes

200 g de pepino

1 yogur natural

1 limón

perejil

cebollino

mostaza en polvo

sal

pimienta

azúcar (opcional)

aceite de oliva

Elaboración

Esta ensalada, muy ligera y refrescante, es sumamente apropiada para el verano, además de muy digestiva y nutritiva. La razón se debe tanto al yogur que incorpora la salsa como a los pepinos, fuente importante de minerales y vitaminas. En primer lugar, deben lavarse bien los pepinos, pero sin quitarles la piel, cortarlos en rodajas y colocarlas en agua fría con sal durante unos 30 minutos. Luego se escurren bien, presionando incluso con las manos si es preciso, y se reservan. También se pican unas ramitas de perejil y se reservan.

Mientras, se elabora la salsa de aderezo. Para ello, se mezcla el yogur con cuatro cucharadas de aceite de oliva, una cucharada de zumo de limón y una cucharadita de mostaza en polvo. Se bate todo bien, se rectifica de sal y pimienta y se agrega una pizca de azúcar si se considera que el sabor es demasiado ácido.

En una fuente de servir, se disponen las rodajas de pepino reservadas, se vierte la salsa por encima y se espolvorea con un poco de perejil y cebollino picados finamente (u otras hierbas aromáticas al gusto). Hay quien también añade pimienta negra. Una versión algo diferente puede elaborarse sustituyendo la salsa de yogur por una vinagreta con finas hierbas. Hay quien prepara los pepinos de forma diferente: los abren por la mitad, les quitan las semillas, los salan y los dejan en reposo durante una hora para que purguen y suelten la sustancia amarga. Luego los lavan, los secan y los cortan.

Ensalada de tomate, mozzarella y albahaca

6 personas 15 minutos sencilla

Ingredientes

6 tomates

1 cebolla roja

1 diente de ajo

queso mozzarella

albahaca fresca

aceite de oliva

vinagre de vino tinto

orégano

Elaboración

Refrescante y muy popular en Italia, esta ensalada resulta apropiada para combatir la canícula veraniega. Para elaborarla, lo primero que debe hacerse es lavar bien los tomates y cortarlos en rodajas. También se cortan en rodajas la mozzarella y la cebolla, mientras que las hojas de albahaca fresca se pican o se cortan muy finamente con un cuchillo. Cuando los ingredientes ya están preparados, se colocan en capas superpuestas en un plato y se reservan mientras se elabora el aderezo o salsa que los acompaña. Para ello se maja el diente de ajo, previamente pelado, junto con varias hojas de albahaca fresca, según el gusto personal. Luego, se mezclan estos ingredientes con 3 cucharadas de aceite de oliva, 3 cucharadas de vinagre y el orégano. Se mezcla bien y se vierte sobre la ensalada ya preparada. Se deja todo en reposo para que macere entre 1 y 2 horas y se sirve con unas hojitas enteras de albahaca como decoración.

Cabe señalar que el líquido resultante de la maceración es igual e incluso más sabroso que la propia ensalada y refresca tanto como un gazpacho. También se recomienda utilizar hojas de albahaca recién cortadas, ya que su aroma se volatiliza con gran rapidez. Una buena solución para ello es disponer de una maceta con esta hierba aromática en una ventana bien soleada. Además, es un buen repelente de mosquitos.

Escalibada

4 personas | 30 minutos | sencilla

Ingredientes

8 pimientos colorados

8 berenjenas

2 dientes de ajo

aceite

vinagre

sal

Elaboración

Esta receta, tradicional de la gastronomía catalana, utiliza algunos de los ingredientes que tienen mayor difusión en los países de la cuenca mediterránea. Se trata de los pimientos y las berenjenas, estas últimas base de un plato universalmente tan célebre como la musaka griega. Para elaborar esta receta, lo primero que debe hacerse es asar berenjenas y pimientos directamente sobre las llamas del fuego, ya sea de lumbre o de gas, hasta que la piel se haya quemado casi por completo, dando diversas vueltas a las piezas para que reciban el calor de forma uniforme por todos los lados. Aunque parece sencillo, debe prestarse atención para que sólo se queme la piel, no el interior.

Cuando están en su punto, se retiran del fuego e inmediatamente se envuelven con un paño de cocina o con hojas de periódico para que conserven durante más tiempo el calor y se enfríen lentamente, fórmula que contribuye a su cocción interna.

Transcurrido el tiempo que se considere oportuno (cuanto más, mejor), se abren los paquetes, se pelan y se lavan con agua fría berenjenas y pimientos, quitando las semillas de estos últimos. Luego, se escurren, se cortan a tiras y se colocan en una fuente de servir. Se espolvorean con los dientes de ajo picados, se sazonan con sal, se riegan con vinagre y aceite y están listos para servir. Una opción de asado más limpia y cómoda consiste en utilizar el horno para ese fin. Sin embargo, el sabor resultante es algo diferente.

Espinacas con pasas, piñones y sésamo

4 personas

15 minutos

sencilla

Ingredientes

1 kg de espinacas

200 g de pasas

100 g de piñones

aceite de oliva

semillas de sésamo

salsa de soja

sal

Elaboración

Esta sabrosa receta puede constituir un espléndido y ligero, pero no por ello menos nutritivo, primer plato. Previamente, si las espinacas son frescas, deben lavarse con agua abundante a fin de eliminar los posibles restos de tierra que puedan contener. Luego se escurren. Mientras, se coloca una olla o cazuela con agua y sal al fuego. Cuando el hervor arranca, se escaldan las espinacas durante 5 o 10 minutos, en función de si las espinacas son congeladas o frescas. Transcurrido ese tiempo, se escurren y se riegan con agua fría para evitar que se hagan demasiado. Se escurren bien y se reservan.

Aparte, en otra cazuela con un fondo de aceite de oliva, previamente calentado, se incorporan las pasas, que ya han estado en remojo, y los piñones, y se rehoga todo ligeramente a fuego medio. Cuando las pasas se reblandecen, se agregan las espinacas y se remueve todo cuidadosamente para que se mezcle de forma uniforme. Una vez que las pasas se han cocido y las espinacas se han calentado, se retira la cazuela y se coloca el guiso en una fuente de servir. Se espolvorea con semillas de sésamo (para algunos, ajonjolí) y se sirve caliente, acompañado con salsa de soja.

Estofado de patatas con champiñones

4 personas · 45 minutos · sencilla

Ingredientes

500 g de patatas

300 g de champiñones

1 cebolla pequeña

1 diente de ajo

media tacita de vino añejo

media tacita de caldo vegetal o de pollo

perejil

sal

aceite de oliva

Elaboración

Una vez que se han mondado y lavado con agua fría, las patatas se cortan en pequeños dados. También se limpian los champiñones, pero con cuidado, ya que se trata de una seta muy delicada. Como pueden tener tierra adherida, se cepillan con suavidad o se limpian con un paño húmedo. Luego se lavan, sin abusar del agua, que acelera su putrefacción, se escurren y se cortan en finas láminas. A continuación, en una sartén con aceite abundante, se fríen los dados de patata durante aproximadamente unos 10 minutos. Una vez doraditos, se retiran de la sartén, se escurren, se sazonan con sal y se reservan.

En la misma sartén, pero con sólo 4 cucharadas del aceite utilizado para las patatas, se sofríen la cebolla y el diente de ajo, finamente picados. Aproximadamente unos 5 minutos después, cuando están ligeramente dorados, se incorporan los champiñones, se remueve todo para que se mezcle con uniformidad y se rehoga durante otros 5 minutos. Transcurrido ese tiempo, se incorporan de nuevo las patatas y se agregan el vino y el caldo, se rectifica de sal y se cuece alrededor de unos 10 minutos más o hasta que se reduzca un poco el líquido soltado por los champiñones. Cuando el guiso está en el punto deseado, se espolvorea con perejil picado y se sirve.

Filete de pescado rebozado

4 personas | 15 minutos | sencilla

Ingredientes

4 filetes de pescado (según mercado)

harina

1 huevo

pan rallado

1 limón

1 ramita de eneldo

verduras (selección al gusto)

aceite

sal

Elaboración

Si los filetes del pescado elegido tienen piel y espinas, hay que eliminar ambas. Luego se lavan, se escurren, se sazonan con sal y se reservan, si es preciso, en el interior del frigorífico. También se preparan las verduras seleccionadas para el acompañamiento. Si se van a consumir crudas, hay que lavarlas bien, escurrirlas y luego cortarlas en juliana o como mejor aconseje la variedad elegida. Asimismo, pueden presentarse hervidas, según el gusto.

Para rebozar el pescado (algo que debe hacerse poco antes de servirlo), se coloca la harina en un plato, en otro se bate el huevo, añadiendo un poco de sal y, si se quiere, un chorrito de aceite (ayuda a ligar el huevo). Por último, se dispone otro platito con el pan rallado. Luego, en una sartén con aceite abundante y muy caliente, se fríen los filetes (hay quien prefiere rodajas) de pescado, previamente pasados por harina, y después bañados en el huevo batido y el pan rallado. Cuando se han dorado por un lado, se les da la vuelta para que se doren por el otro. Una vez fritos, se retiran de la sartén y se colocan sobre papel absorbente para que suelten el aceite sobrante.

Los filetes de pescado se sirven acompañados de rodajas de limón y unas hojitas de eneldo, además de las verduras elegidas, que pueden ser zanahorias y puerros. Este rebozado puede aplicarse a cualquier tipo de pescado. Una opción algo diferente consiste en rebozar los filetes únicamente con harina, pero el resultado de la fritura varía un poco.

Garbanzos con patatas

4 personas

40 minutos

sencilla

Ingredientes

800 g de garbanzos precocidos

500 g de patatas

media cebolla

1 zanahoria

2 dientes de ajo

2 cucharadas de aceite

2 hojas de laurel

Elaboración

Previamente, se mondan, lavan y cortan en trozos medianos las patatas; se raspa la piel de las zanahorias, que luego se lavan y cortan en pedazos parecidos a bastoncitos, y se pela y pica finamente la cebolla.

En una cazuela con el fondo cubierto de aceite, se sofríe la cebolla picada a fuego muy suave para que se cueza sin llegar a dorarse, procurando que quede transparente y con una textura pegajosa. Una vez que la cebolla se haya cocido, se agregan las patatas y la zanahoria, previamente preparadas, se añade agua hirviendo hasta cubrirlas y se incorporan los dientes de ajo. Tras cocer alrededor de unos 15 minutos, se echan los garbanzos escurridos y se cuece todo otros 15 minutos o hasta que las patatas estén tiernas. Se retiran las hojas de laurel y el guiso está listo para servirse.

Esta receta también puede elaborarse con garbanzos secos y cocidos en casa. Es algo más laborioso, pero tiene la ventaja de que nos permite elegir la variedad de garbanzos preferida. Los pasos de la elaboración son los mismos, sólo hay que añadir que la noche anterior deben ponerse en remojo los garbanzos con agua descalcificada. Y, al día siguiente, cocerlos previamente, también con agua descalcificada.

Lasaña de espinacas

4 personas | 30 minutos | sencilla

Ingredientes

24 placas de lasaña

500 g de espinacas congeladas

5 dl de bechamel

2 cucharadas de queso rallado

2 cucharadas de aceite de oliva

sal

Elaboración

Previamente, si las espinacas son congeladas hay que descongelarlas y hervirlas en agua con sal durante 8 minutos. Como pueden utilizarse también frescas (es optativo y sólo varía la cantidad y el tiempo de cocido), antes de efectuar este proceso es imprescindible lavarlas bien para eliminar los restos de tierra y productos químicos que puedan llevar incorporados. De una u otra forma, una vez cocidas, se escurren bien, procurando que suelten al máximo el agua de cocción. Para conseguirlo, un buen método consiste en presionarlas fuertemente con una cuchara o tenedor cuando están en el colador. Luego se pican con un cuchillo sobre la tabla de cortar. Se elabora entonces una bechamel siguiendo los pasos propios de esta salsa; aunque hay quien prefiere ahorrarse este paso, utilizando alguno de los diversos formatos en que se encuentra ya preparada esta salsa en el mercado.

Mientras, se cuecen las placas de lasaña en agua hirviendo siguiendo las instrucciones indicadas por el fabricante de la pasta. Una vez cocidas, se mezclan en la sartén las espinacas y 8 cucharadas de salsa bechamel, se salpimienta al gusto y se cuece durante otros 5 minutos. A continuación, se cubre el fondo de una fuente de servir refractaria con bechamel. Luego se coloca una capa de pasta y sobre ella parte de las espinacas, repitiendo la operación cuantas veces sea preciso, pero siempre finalizando con una placa de lasaña. Se espolvorea por encima con queso rallado y se introduce en el horno a 160 °C durante 5 minutos. Después, se gratina durante otros 5 minutos o hasta que el queso esté dorado. Se sirve muy caliente, adornado, si se desea, con unas hojitas de albahaca o perejil.

Macarrones con queso parmesano

4 personas | 30 minutos | sencilla

Ingredientes

500 g de macarrones

1 pechuga de pollo

5 champiñones

25 cl de nata líquida

100 g de queso parmesano rallado

ramitas de albahaca

aceite de oliva

sal

Elaboración

En una olla o cazuela grande con abundante agua hirviendo, bastante sal y un chorrito de aceite, se echan los macarrones y se cuecen el tiempo indicado por el fabricante o hasta que la pasta adquiera la célebre textura al dente (tierna por fuera y algo dura por dentro). Luego, se escurren, se lavan con agua fría y se reservan. Mientras, se corta la pechuga de pollo en trocitos; se lavan y cortan los champiñones, procurando que no les quede ningún resto de tierra, pero sin usar demasiada agua o hacerlo poco antes de utilizarlos porque se ablandan y pierden sabor. A continuación, se saltean ambos ingredientes en una sartén con un poco de aceite.

Aparte, en un cazo, se cuecen a fuego muy reducido la nata y el queso rallado, bien mezclados. La cocción sigue hasta que la salsa que se ha formado se haya reducido y convertido en una crema. Se sazona con sal y se reserva. Cuando se desee servir esta preparación, se colocan los macarrones en una fuente refractaria, apta para el horno. Una vez repartidos de forma homogénea, se colocan por encima de ellos el pollo y los champiñones rehogados. Se riega todo con la crema de queso y se introduce la fuente en el horno, donde se gratina hasta que la crema tome un color dorado. Es importante, sin embargo, que no llegue a tostarse. Se sirve caliente, recién salido del horno, con hojitas de albahaca u otra hierba aromática por encima.

Mejillones al vapor

4 personas | 30 minutos | sencilla

Ingredientes

1 kg de mejillones

1 limón

sal

Elaboración

Los mejillones son tan sabrosos que resultan excelentes hechos simplemente al vapor. Antes de cocerlos, hay que limpiarlos de las incrustaciones calcáreas que llevan sus valvas, sobre todo, si son de roca. Para ello se necesita un pequeño cuchillo que permita rasparlas. Asimismo, pueden dejarse en remojo en varias aguas con sal para que se abran ligeramente, suelten las posibles impurezas del interior y resulte más fácil extirparles las adherencias filamentosas o «barbas». Una vez limpios, se colocan en una cazuela junto con un poquito de agua (muy poquita, basta con que cubra el fondo de la cazuela). Luego, la cazuela se tapa y se calienta a fuego suave. Cada 3 o 4 minutos, mientras dura la cocción, hay que destapar la cazuela y darle unas sacudidas fuertes para que los mejillones varíen de posición respecto al fondo, la zona que mayor calor recibe.

Cuando los mejillones se han abierto por completo, se retira la cazuela del fuego y se colocan en la fuente de servir. Pueden servirse calientes o fríos, pero siempre acompañados de limón, en rodajas o a gajos. También pueden espolvorearse con perejil o cebollino picados. Como advertencia importante, cabe decir que los mejillones que siguen cerrados tras la cocción deben desecharse por la posibilidad de que no estén en buenas condiciones y puedan intoxicar a quien los consuma.

Melón con jamón

4 personas

5 minutos

sencilla

Ingredientes

1 melón

300 g de jamón serrano

Elaboración

Esta receta es tan sencilla que no requiere ni fogones ni apenas utensilios para prepararla. Ideal como entrante durante la canícula veraniega por sus propiedades refrescantes e hidratantes, resulta además tremendamente nutritiva. La razón hay que buscarla en los dos ingredientes que la integran, el melón y el jamón serrano. El primero es una fruta muy hidratante y de bajo aporte calórico pero muy rica en vitaminas A y C y algunos minerales, como potasio y sodio. En cuanto al jamón, es otro de los alimentos más sanos que existen. Tiene un alto contenido en minerales, principalmente hierro, calcio y sodio, pero además aporta una buena cantidad de proteínas y energía al organismo.

Para preparar la receta que aquí se presenta, basta con cortar el melón en las típicas rajas en forma de media luna, disponerlas en una fuente de servir o directamente en el plato y colocar sobre ellas las lonchas de jamón cortadas muy finas. Esta receta permite otras alternativas, sustituyendo unos ingredientes por otros, como el melón por piña natural, otra combinación excelente. Asimismo, hay quien la prepara con melón *cantaloupe* o cantalupo, pero su pulpa no es tan refrescante ni tan dulce como la de otras variedades más comunes en España.

Menestra de verduras

4 personas | 60 minutos | sencilla

Ingredientes

750 g de alcachofas

500 g de guisantes

500 g de judías verdes

¼ de coliflor

1 cebolla

1 zanahoria

1 pimiento rojo

1 pimiento amarillo

8 espárragos

1 tomate

harina

pimentón dulce

sal

aceite de oliva

Elaboración

Previamente, se pelan, lavan y cortan las diferentes verduras que componen esta receta. Algunas, como las alcachofas, o las zanahorias, deben prepararse justo antes de utilizarlas para que no se oxiden y ennegrezcan. Pero otras (cebolla, ajo, coliflor, judías verdes o guisantes), pueden reservarse sin problemas una vez preparadas. En una cazuela o sartén con un poco de aceite, se sofríen el tomate y la cebolla previamente picados. Cuando se han dorado, se agrega una cucharadita de pimentón dulce y otra de harina y se remueve bien, al tiempo que se reduce el fuego para que no se quemen. A continuación, se reserva.

Mientras, en una cazuela grande, se echan las alcachofas cortadas y frotadas con limón para que no ennegrezcan, las judías, los guisantes y la zanahoria troceada, la coliflor en pequeños ramilletes, los pimientos a tiras, y el resto de verduras elegidas. Se cubren luego todos los ingredientes generosamente con agua hasta sobrepasarlos 3 o 4 cm. Cuando el hervor arranca, se agrega el sofrito, se sazona con sal y se cuece todo destapado hasta que las alcachofas estén tiernas. Se recomienda no desatender la cocción y vigilar si necesita más agua, que se agrega siempre caliente. Cuando el guiso ya casi está listo, se rectifica de sal si es preciso y se riega con un poco de aceite. En el momento de servir se acompaña del sofrito reservado. Hay quien le añade un poco de lomo de cerdo embuchado o tocino frito para darle más sabor.

Los ingredientes indicados no son los únicos con los que puede elaborarse esta preparación, ya que la menestra se adapta bien a otros muchos, siempre que sean verduras de temporada. Habas, espárragos, setas, coles de bruselas, espinacas, vainas de los guisantes, puerros, nabos, etc., todos pueden integrar una buena menestra. Y también se acompaña, a veces, de huevos duros cortados. Se sirve siempre muy caliente.

Pinchos de gambas con verduras

4 personas | 30 minutos | sencilla

Ingredientes

1 kg de gambas grandes

2 pimientos rojos

1 cebol a

cebollinos

sal

aceite ce oliva

Elaboración

Previamente, se lavan bien las gambas, se colocan en un colador para que escurran por completo y, si es preciso, se secan con un paño de cocina. Asimismo, se lavan, se quitan las semillas y se cortan los pimientos y se pelan y trocea la cebolla. También se lavan y pican los cebollinos, que luego se utilizarán para espolvorear los pinchitos.

Poco antes de servirse, se pone una sartén al fuego, preferiblemente de hierro, con un chorro de aceite que permita engrasarla por completo, sin dejar ninguna zona seca. A continuación, se cubre el fondo de la sartén con sal gruesa de cocina. Cuando esta sal ya está caliente, cosa que indica su color algo tostado, sobre todo en los bordes, se colocan las gambas, unas junto a otras, con mucho cuidado para que la capa de sal no se rompa y se abra. Durante la cocción, el fuego debe ser vivo, pero no en exceso. Deben cocerse por ambos lados, dándoles la vuelta cuando han transcurrido unos 3 minutos. El segundo lado, en cambio, se cuece sólo 1 minuto sobre el fuego, ya que luego se aparta la sartén y se termina de cocer con el calor que ha acumulado.

Por último, en otra sartén con un poco de aceite se rehogan las cebollas y los pimientos y, cuando están hechos, se ensartan en los pinchitos al igual que las colas peladas de las gambas. Se colocan en una fuente de servir, se espolvorean con los cebollinos picados y se sirven calientes, acompañados de unas rodajas de limón. Hay quien la verdura la hace a la brasa y la sirve como guarnición.

Pinchos de pollo y verduras

4 personas | 20 minutos | sencilla

Ingredientes

2 pechugas de pollo

250 g de tomates cherry

50 g de champiñones

2 calabacines

2 pimientos

perejil

aceite

sal

pimienta

Elaboración

Muy coloridos y sabrosos, estos pinchos o brochetas admiten muchas variantes, ya que, aparte del pollo, un ingrediente constante, el resto de componentes pueden ser diferentes según la estación del año, de la oferta del mercado o, sencillamente, de lo que nos ofrezcan nuestras reservas del frigorífico. Primero se lavan y se cortan en dos mitades los tomates cherry; se lavan los calabacines y se cortan en rodajas sin pelarlos; se lavan los pimientos, se les quitan las semillas y se cortan en trozos regulares, y, por último, se lavan los champiñones y se separan los sombreros de los pedículos. Luego, se cortan las pechugas de pollo en taquitos y se fríen con un poco de sal en una sartén con aceite. Cuando los taquitos están ligeramente cocidos, se retiran.

A continuación, se ensartan los pinchitos, combinando los taquitos de pollo con las diferentes verduras, de modo que el color de los ingredientes ofrezca un contraste atractivo y que los sabores se mezclen. Mientras, se calienta una parrilla. Cuando los pinchitos ya están preparados, se echa un poco de aceite en la parrilla, antes de colocarlos sobre ella. Luego se sazonan con sal y un poco de pimienta y se asan por todos los lados, dándoles varias vueltas. Se sirven inmediatamente, acompañados de unas hojitas de perejil.

Pisto o fritanga de pimientos

4 personas | 90 minutos | dificultad media

Ingredientes

4 pimientos medianos rojos

1 berenjena

200 g de atún salado

200 g de alubias o judías

200 g de garbanzos

200 g de calabaza

300 g de cebollas

200 g de tomates maduros

15 cl de aceite

sal

pimienta

Elaboración

Previamente, se desala el atún poniéndolo en remojo durante varias horas y cambiando el agua varias veces. Cuando tiene el punto de sal adecuado, se escurre bien (si es preciso, se aprieta con las manos) y se desmenuza o se corta en taquitos pequeños. Asimismo, las alubias y los garbanzos se ponen en remojo la noche anterior en agua descalcificada. Al día siguiente, al comenzar la preparación, se quita la corteza a la calabaza y se corta su pulpa en dados medianos; se pelan las cebollas y se pican finas; se lavan, se quitan las semillas y se trocean los pimientos y se lava y se corta, también en trozos, la berenjena sin pelar.

Mientras, se calienta agua en un cazo y, cuando arranca el hervor, se echan los tomates brevemente, sólo para que la piel se desprenda con facilidad. Se desechan las semillas y se pica la pulpa.

A continuación, en una cazuela de barro con aceite, se rehoga la cebolla y, cuando está medio cocida, se agregan los pimientos y la berenjena troceados y los dados de pulpa de calabaza. Se cuece a fuego suave y con la cazuela tapada, removiendo con frecuencia para que no se adhieran al fondo. Luego se incorporan las alubias y los garbanzos remojados.

A mitad de la cocción, se agregan el atún y la pulpa de tomate picada, se salpimienta y se cuece a fuego suave, removiendo con la espumadera de vez en cuando. Una vez esté todo cocido, se añade un poco de agua, se deja en el fuego hasta que se haya evaporado el agua y se sirve muy caliente.

Salsa griega tzatziki

4 personas | 10 minutos | sencilla

Ingredientes

200 g de yogur griego

3 dientes de ajo

medio pepino

1 ramita de perejil

1 cebollino

2 cucharadas de zumo de limón

2 cucharadas de aceite

sal

pimienta

Elaboración

Muy fácil de preparar, esta salsa, popularmente conocida como salsa griega, es en realidad originaria de Turquía, y se difundió en época del Imperio otomano por los territorios bajo su dominio. Es la que acompaña la carne de kebab (cordero asado), pero también otras muchas preparaciones culinarias de Oriente Próximo. Su ingrediente principal es el yogur, por lo que éste debe ser de excelente calidad, lo cual no siempre es fácil encontrar en el mercado; en ese caso es recomendable elaborarlo uno mismo, lleva algo más de tiempo, pero no es un proceso complicado.

En el momento de preparar esta receta, hay que escurrir primero el suero del yogur. Luego, se lava el pepino, se pela, se ralla y se escurre bien. También se pelan y se rallan los ajos. A continuación, se mezclan todos estos ingredientes con el yogur y, con una batidora de varillas, se homogeneiza la emulsión. Luego, se agregan lenta y alternativamente las cucharadas de aceite y limón. Se sazona con sal y pimienta al gusto y la salsa está lista para ser servida, acompañada de unas rodajas de pepino y una ramita de perejil, y espolvoreada, si se desea, con cebollino picado. La cantidad de ajo indicada puede incrementarse o reducirse, según el gusto. Y también puede sustituirse por cebolla, por la misma razón.

Sardinas encebolladas

4 personas   20 minutos   sencilla

Ingredientes

16 sardinas

1 cebolla

4 dientes de ajo

1 guindilla

perejil

pan

vinagre

sal gruesa

aceite

Elaboración

Esta receta, muy sabrosa y fácil de llevar a la práctica, tiene la particularidad de elaborarse sin tomates ni pimientos, dos ingredientes, sobre todo, los primeros, que suelen formar parte de las sardinas encebolladas más habituales. En esta preparación, lo más importante es la calidad de las sardinas, su principal ingrediente y uno de los pescados más exquisitos que existen si son muy frescos. Se recomienda, por tanto, si cabe la posibilidad, usar sardinas pescadas el mismo día, pues el resultado es mucho más sabroso.

Previamente, hay que limpiar bien las sardinas. Para ello, se destripan sin quitarles las cabezas, se desescaman, se lavan, se escurren y se sazonan con sal gruesa.

Después, se pelan los dientes de ajo, se cortan, se colocan en un mortero y se majan hasta dejarlos bien picados. A continuación, se vierte un buen chorro de aceite en el mortero, se remueve bien y se coloca la mezcla en un plato hondo.

Para cocinar las sardinas, se pone una sartén al fuego. Una vez que esté caliente, se incorporan las sardinas bañadas antes en el aceite aromatizado con ajo. Y se agregan la cebolla, previamente lavada y cortada en rodajas, y la guindilla cortada en aritos. Se sofríen unos 3 minutos por cada lado y se agrega un chorrito de vinagre. Cuando éste ha reducido, ya pueden servirse, acompañadas de unas rebanaditas de pan.

Sopa de merluza con patatas

4 personas | 20 minutos | sencilla

Ingredientes

800 g de merluza

4 patatas

1 cebolla

1 zanahoria

1 diente de ajo

1 limón

hierbas aromáticas (perejil, perifollo o eneldo)

sal

pimienta molida

aceite

Elaboración

Esta sopa no sólo es exquisita y de sabor delicado, sino que además resulta muy apropiada para estómagos que precisan alimentos de fácil digestión pero nutritivos. Es pues ideal para las personas mayores y para los niños. La merluza empleada puede ser indistintamente fresca o congelada, mientras que el perejil puede sustituirse por perifollo, eneldo e incluso apio, según el gusto. Previamente, conviene preparar los ingredientes. Así pues, se lava y escurre bien la merluza cortada a rodajas. Se pela y se corta también a rodajas la cebolla; se raspa la piel de la zanahoria, se lava y se corta; se pela el diente de ajo y se pica finamente, y se pelan, se lavan y se trocean las patatas.

Mientras, se calienta agua en una olla y, cuando arranca el hervor, se incorporan las patatas, la cebolla, la zanahoria, el ajo, la merluza y un ramillete de perejil (u otra hierba aromática), previamente lavado. A continuación, se agrega el zumo del limón, se salpimienta y se cuece a fuego suave durante 15 minutos, o hasta que la merluza esté cocida y haya cambiado de color (el tiempo depende del grosor de las rodajas).

Una vez se ha cocido, se retiran las rodajas de la olla y se escurren, se les quitan piel y espinas y se trocean, aunque no deben desmenuzarse. Se colocan en una sopera y sobre ellas se vierte el caldo con el resto de ingredientes. Se quita el ramillete de hierba aromática y se espolvorea con perejil picado o la hierba utilizada durante la cocción.

Tagliatelle con tomate y aceitunas

4 personas | 20 minutos | sencilla

Ingredientes

500 g de tagliatelle

6 tomates rojos grandes

50 g de aceitunas verdes

50 g de aceitunas negras

50 ml de aceite de oliva aromatizado con albahaca

hojitas de albahaca fresca

sal

pimienta

Elaboración

Esta receta, perteneciente a la tradición gastronómica italiana, es muy sabrosa y nutritiva gracias a los ingredientes que la integran, todos ellos propios de la dieta mediterránea más genuina, aunque el tomate sea, de hecho, un alimento importado de América. Previamente, en un cazo con agua hirviendo, se escaldan los tomates unos instantes para facilitar que se les desprenda la piel. Una vez pelados, se parten por la mitad para quitarles las semillas. Luego, se colocan boca abajo para que escurran el jugo y se cortan a daditos.

A continuación, se coloca la pulpa de tomate cortada en un cuenco y se aliña con el aceite perfumado a la albahaca, se sazona con sal y pimienta recién molida y se deja en maceración como mínimo durante 1 hora en el interior del frigorífico.

Mientras, se coloca una olla al fuego con abundante agua, sal y un chorrito de aceite. Cuando el hervor arranca, se incorporan los tagliatelle, se les da unas vueltas para que no se peguen entre ellos y se cuecen el tiempo que indique el fabricante. Transcurrido ese tiempo, se escurren y se colocan en una fuente de servir. Por encima de los tagliatelle, se reparte la pulpa de tomate macerada y las aceitunas. Luego, se riega todo con el aceite de la maceración, se decora con hojitas de albahaca fresca y se sirve.

Tajín de patatas y tomate

4 personas | 45 minutos | sencilla

Ingredientes

4 tomates

6 patatas

1 cebolla

1 limón

aceitunas rellenas

perejil

cilantro

pimentón

comino

sal

aceite de oliva

Elaboración

Esta receta, típica de la gastronomía del Magreb, es un guiso cuyo nombre se debe al utensilio de cerámica empleado para cocinarlo. Se trata de una cazuela de barro, no demasiado honda cuya tapa tiene forma de campana. Si no se dispone de este utensilio específico, puede utilizarse una cazuela de barro y cubrirla con una tapa de cristal refractario, un plato hondo o una fuente de servir que resistan las temperaturas del horno en el que luego se cuece el guiso. Previamente, deben prepararse los ingredientes, de modo que se lavan y cortan los tomates, las patatas, la cebolla y el limón.

Mientras se calienta el horno, se colocan en el recipiente elegido capas de tomate y patatas y se espolvorea cada capa con las especias y aceite de oliva. Así hasta terminar con todos los trozos de patata y tomate. La última capa se reserva para la cebolla, las aceitunas y el limón cortado a rodajas (hay quien pone dos mitades y luego las retira en el momento de servir el plato).

Se introduce la cazuela o el tajín tapado en el horno y se cuece a fuego suave hasta que esté cocido, algo que indica la patata cuando está tierna, y ya esté listo para servir. Este guiso o estofado, que debe quedar jugoso, puede hacerse también con otros muchos ingredientes, además de las verduras. Es frecuente incorporar carne de cordero o de pollo, pero asimismo se prepara con otras carnes y diferentes variedades de pescado y marisco.

Tortilla de setas, ajos tiernos y jamón

4 personas

15 minutos

sencilla

Ingredientes

8 huevos

400 g de setas

100 g de ajos tiernos

100 g de jamón

aceite de oliva

perejil

sal

pimienta

Elaboración

Previamente, hay que lavar los ajos tiernos para eliminar los restos de tierra y productos químicos que puedan tener, y cortarlos a trocitos. Asimismo, hay que lavar y limpiar cuidadosamente las setas, si es preciso utilizando un paño de cocina, y cortarlas en láminas finas. Luego, se ponen a calentar dos cucharadas de aceite de oliva en una sartén, y cuando esté lo suficientemente caliente, se incorporan los trocitos de ajos tiernos, se tapa la sartén, se reduce el fuego al mínimo y se rehogan los ajos procurando que no se doren. Una vez cocidos, se retiran y, en la misma grasa, se sofríe el jamón cortado en tiras o trozos pequeños, según el gusto. Luego, se hace lo mismo con las setas.

A continuación, se baten los huevos mientras se calienta un poco de aceite en una sartén. Se echan los huevos batidos y, cuando empiezan a cuajar, se agregan los ajos tiernos, el jamón y las setas.

Con un tenedor, se enrolla el huevo cuajado y con la ayuda de una espátula se da forma a la tortilla, se termina de cocer y se sirve, espolvoreada con un poco de perejil picado. También puede dársele una forma circular, como la de la tortilla de patatas. Es decir, dejando que cuaje primero una parte, y dándole la vuelta con la ayuda de un plato para que cuaje el otro lado.